FRANÇOISE DOLTO

Blucher

FRANÇOISE DOLTO

Cultura, psicossomática e clínica

Organização

Luciana Pires

Françoise Dolto: cultura, psicossomática e clínica
© 2023 Luciana Pires
Editora Edgard Blucher Ltda.

Publisher Edgard Blücher
Editor Eduardo Blücher
Coordenação editorial Jonatas Eliakim
Produção editorial Luana Negraes
Preparação de texto Maurício Katayama
Diagramação Negrito Produção Editorial
Revisão de texto Bárbara Waida
Capa Leandro Cunha
Imagem de capa Cc Françoise Dolto, autor desconhecido, licenciada em CC BY-SA

Blucher

Rua Pedroso Alvarenga, 1245, 4º andar
04531-934 – São Paulo – SP – Brasil
Tel.: 55 11 3078-5366
contato@blucher.com.br
www.blucher.com.br

Segundo o Novo Acordo Ortográfico, conforme 6. ed. do *Vocabulário Ortográfico da Língua Portuguesa*, Academia Brasileira de Letras, julho de 2021.

Dados Internacionais de Catalogação na Publicação (CIP)
Angélica Ilacqua CRB-8/7057

Françoise Dolto : cultura, psicossomática e clínica / organizado por Luciana Pires. – São Paulo : Blucher, 2023.

222 p.: il.

Bibliografia

ISBN 978-65-5506-374-5

1. Psicanálise 2. Dolto, Françoise – 1908-1988 I. Pires, Luciana.

22-5499 CDD 150.195

Índice para catálogo sistemático:
1. Psicanálise

Conteúdo

Prefácio

Luciana Pires

O livro que vocês têm em mãos deriva de um evento que eu, Juliana Braga, Vitoria Whately e Miguel Fausto organizamos em 2018. Agradeço enormemente aos três pela companhia nessa empreitada. A organização desse evento foi uma daquelas raras experiências em que prazer, respeito e seriedade se unem a favor de uma construção coletiva. E desejo que a subsequente leitura siga em sintonia com esse estilo de fazer as coisas, que, num plano mais amplo, faz eco à afirmação do psicanalista Adam Philips (1994) de que a psicanálise é tudo menos o território das últimas palavras.

Muitos são aqueles que indagam o motivo da restrita penetração da obra de Françoise Dolto entre psicanalistas. Sua escrita se espalha em ilustrações e alegorias clínicas que nem sempre ascendem a formulações mais estruturais, tal qual um pastiche que nos encanta ao mirar pelos diversos caminhos do pincel e diversas paisagens que delineia, mas é dificultoso mirá-lo em ampla perspectiva e obter o desenho total. O desenho total nos engana e é na força e direção do traçado e na apreensão do pincel que devemos buscar aquilo que resta como marca de transmissão.

Sauzervac (2008) afirma que, na obra de Dolto, tanto a teoria quanto a clínica são consequentes da posição ética, que é sua marca mais forte no campo da psicanálise com crianças. Ética esta que se pauta na escuta radicalizada do sujeito da criança e do bebê em quaisquer circunstâncias, sem nunca recair num reducionismo de subordinar a escuta da criança à escuta do adulto.

Diante da percepção da ambiguidade da apreensão da teoria de Dolto no campo psicanalítico, nós, organizadores, ficamos surpresos e felizes com a excelente recepção do evento de 2018, que contou com nove palestrantes de peso, que falaram para uma plateia entusiasmada de 150 pessoas – fora a lista de espera que se formou.

São esses nove palestrantes de outrora que aqui se apresentam como autores do livro *Françoise Dolto: cultura, psicossomática e clínica*. Juntam-se a eles os organizadores do evento citado, além da psicanalista Carmen Molloy. Todos os autores têm em comum o encantamento por Dolto, além do trabalho empenhado nos campos que atravessaram a obra da psicanalista e que resumimos como a cultura, a psicossomática e a clínica.

A subdivisão do livro segue o desenho das mesas do evento de 2018 e torna evidente a abrangência do trabalho de Dolto, que não se restringiu jamais à clínica psicanalítica, estando, desde sempre, situado na intersecção com os campos da saúde médica e da cultura. Nos idos de 1916, Françoise, então com 8 anos, definiu um campo de atuação para si: seria "médica da educação". Não existia ainda a figura da psicanalista com crianças. Mas o que os médicos têm a ver com a educação, e o que os educadores têm a ver com a medicina? Sua criativa designação de um campo resume bem a abrangência que vislumbrava para os efeitos de seu trabalho; sua aspiração coloca médicos e educadores de mãos dadas na direção do cuidado infantil. O que nos parece mais importante nessa nomeação é a introdução da compreensão de que as doenças corporais infantis (comumente encaminhadas aos médicos) dizem respeito ao modo como são tratadas pelos adultos, e como são montados os espaços para elas destinados.

Médica da educação: nessa célula germinal, primeiro parágrafo de sua obra, já se encontram vários de seus desdobramentos mais memoráveis. Mais no terreno médico, temos a ideia de que o corpo (da criança e, por extensão, de qualquer um) é constituído pelos laços afetivos e simbólicos que o rodeiam, o que virá a desembocar em seu conceito *princeps* de *imagem inconsciente do corpo*. Já mais no território da educação (e da sociologia e da política), reconhecemos um apelo à responsabilidade inexorável dos adultos pelos destinos das crianças e a consciência de que as crianças são afetadas pelas falas e montagens que dirigimos a elas. Aqui já se vislumbra sua importante contribuição no debate público (na rádio, na televisão e em numerosas palestras) sobre temas como desfraldamento, escolaridade, adoção, aborto e separação dos pais, além da criação do dispositivo das Maisons Vertes em 1979.

Como já dissemos, o livro é dividido em três seções de abrangência da obra de Dolto. Vitoria Whately, Miguel Vallim, M. Cristina Kupfer e Luciana Pires escrevem sobre sua penetração na cultura; Miguel Fausto, Florência Fuks e Wagner Ranna contribuem na área da psicossomática; e, finalmente, Christiane Carrijo, Juliana Braga, Cybelle Al Assal e Carmen Molloy refletem sobre a clínica de Dolto. A despeito dessa divisão, os escritos se entrecosturam em eixos principais, tais como a relação entre corpo e psiquismo, a dialética entre verdade e o não saber, a transmissão de sua obra e a concepção de psicose. Num embaralhamento de cartas, pinçaremos alguns desses alinhavos, pespontos e transpasses.

Em sua análise do tratamento de Dominique, o paciente adolescente psicótico cujo atendimento foi registrado em livro, Al

Assal nos lembra de episódios em que a tensão entre o que é do corpo e o que é do psiquismo é trazida à tona pelo próprio paciente e seus familiares. Dominique diz sofrer de "uma doença no coração da infância" e o pai de Dominique afirma sua descrença na análise, dizendo que, "enquanto não houver meio cirúrgico para curar essas crianças, não se pode fazer nada". Doença no coração da infância: pode haver melhor definição da problemática de que nossa médica da educação se arvorou a tratar, encontrando resistências como as do pai de Dominique que, descrente, questiona como é possível cuidar de doenças do corpo com palavras? Kupfer pode vir ao nosso socorro: médico da educação "é um médico que sabe que os problemas na educação podem provocar doenças nas crianças, . . . capazes de causar aborrecimentos para as famílias e complicar a vida" delas. E, na intersecção com a pediatria, Ranna e Fuks trazem para a discussão interessantes exemplos desses aborrecimentos do desenvolvimento e de como o olhar psicanalítico pode ajudar a pensá-los: como entender um caso de enurese sem causação orgânica? E como cuidar para que o impacto de uma síndrome não reduza a construção da concepção da criança para si mesma e para os cuidadores principais? Ou, como indaga Fuks, como "manter a potência daquele corpo sequelado como íntegro na percepção psíquica da criança"? E "nos olhos da mãe que só veem as características da síndrome a serem cumpridas"? Todos guiados pela mesma convicção: de que o "corpo é constituído pelo entrelaçamento entre o organismo, as imagens e as palavras, no encontro com o semelhante", sumariza Rañña.

Sobre sua concepção de psicose, tema que segue atraindo muitos estudiosos até os dias de hoje, Braga diz: trata-se de "um tumor na simbolização, um tumor imaginário, construído por uma função simbólica que andou no vazio e sem nenhuma possibilidade de relação com um outro humano". E nessa medida, acrescenta Carrijo, o psicótico "permanece cativo de uma imagem incomunicável", portador de "palavras-barulho". Mas quem são os outros da psicose? Estas e outras perguntas são alinhavadas na seção clínica.

Na seção de psicossomática, além de uma interessante complexificação da ideia de esquema corporal, que estabelece na companhia de autores contemporâneos, Fausto destaca a qualidade clínica do conceito de *imagem inconsciente do corpo* e o quanto esse conceito é intrínseco à situação transferencial. "A imagem do corpo não é a imagem desenhada ali, ou representada na modelagem", ela está por "ser revelada pelo diálogo analítico com a criança", precisando, portanto, desse outro (do analista, no caso) "para se revelar por completo", ele diz. A imagem inconsciente do corpo é o conceito que Dolto cunha para dar conta de sua leitura psicanalítica de fenômenos corporais, para assim viabilizar sua sonhada profissão de "médica da educação" e atender pacientes que não têm na linguagem verbal seu principal elo com o mundo, tais como crianças, bebês e psicóticos.

Outro polo de discussão costura-se ao redor de qual a verdade que Dolto veicula em sua obra. Somos lembrados de que Lacan escreveu que "não é possível dizer toda a verdade, por mais que se queira". Então como compreender o apelo de Dolto às palavras verdadeiras? No que se constituíam suas palavras verdadeiras? Em alguma medida, é o esforço dessas palavras verdadeiras que desfaz o tumor psicótico ao qual nos referíamos acima. Molloy reconhece que a psicanalista "se submetia ao sem sentido dos significantes que ouvia e os valorizava muito mais do que os referentes teóricos das escolas de psicanálise, os quais quebrava constantemente, para espanto dos analistas que queriam entender de onde vinha a eficácia de sua prática clínica". É nesse sentido que, como Pires pontua, Dolto "atua com firmeza na área do não saber", ao mesmo tempo que supõe e abre-se "à verdade da criança" e do outro, o que podemos ver ilustrado na interpelação frequente da psicanalista, destacada por Fausto: "eu não compreendo o quê, mas desejo compreendê-lo e, talvez, poderemos saber melhor da próxima vez". As palavras verdadeiras avizinham-se, portanto, do não sentido e da não compreensão. Outra direção é apontada pela psicanalista na ética de sua clínica com crianças: desdramatizar. Para depurarmos o que importa na escuta analítica, para que o não saber possa ser convidado à nossa escuta e, assim, nos submetermos ao sem sentido dos significantes que ouvimos, encontramos em Dolto o conselho recorrente de que pais e profissionais da infância desdramatizem suas apreensões das cenas infantis. Desdramatizar aqui é o correlato da indicação freudiana da atenção flutuante para que psicanalistas possam ouvir além de si mesmos e de seus conhecimentos prévios.

Como identifica Carrijo, "estamos aqui, atentos, ainda escutando suas histórias", em posição de receptividade de sua obra, e, nesta medida, este livro testemunha e figurabiliza sua transmissão, pautado na premissa de que quem conta um conto acrescenta um ponto ou, como pontua Vallim, "a cada psicanalista que se forma, a história da psicanálise se refaz". Boa leitura a todos!

Referências

Dolto, F. (1990). *Auto-retrato de uma psicanalista*. Rio de Janeiro: Jorge Zahar.

Philips, A. (1994). Futures". In *On flirtation – psychoanalytic essays of the uncommitted life* (pp. 153-164). Cambridge: Harvard University Press.

Sauverzac, J.-F. (2008). *Itinéraire d'une psychanalyste*. Paris: Champs Biographie.

Parte I
Cultura

O fruto da Dolto

Vitoria Whately

Um dia, em uma mesa de bar, contei para um francês, quase que pra puxar assunto, que por acaso eu estudava uma psicanalista francesa chamada Françoise Dolto. Esse francês, que devia ter cerca de 45 anos, não era psicanalista, ou médico, ou educador, ele trabalhava com mídias digitais, se não me engano, e me disse inclusive que nunca tinha feito análise. Mas, quando falei o nome da Dolto, seus olhos brilharam e ele prontamente me respondeu:

— Ah, é mesmo? Dolto? Claro que a conheço, ela é muito importante, muito famosa, inclusive eu mesmo sou fruto da "Dolto", disse ele batendo no próprio peito.

Fruto da Dolto... Fiquei com isso na cabeça.

Pode soar esquisito que eu conte sobre um episódio tão informal do meu cotidiano para refletir sobre uma psicanalista, mas não é por acaso: o impacto de Dolto na transmissão e conhecimento da psicanálise na sociedade francesa se deu, em grande parte, fora do universo acadêmico. Se Lacan estava presente nas mais eruditas rodas de conversa, era Dolto que invadia os lares dos mais populares. Seus meios totalmente heterodoxos para a época podem ter levado muitos de seus colegas da comunidade psicanalítica a torcerem o nariz para ela, mas seus mais de 2 milhões de cópias de livros vendidos desde sua morte em 1988 são apenas um dos sinais de que ela foi a principal responsável pela apropriação da psicanálise no dia a dia dos franceses.

Foi primeiramente através de livros que falavam diretamente com os pais, até mesmo no formato de perguntas e respostas e através de uma coluna própria na revista *Marie Claire* que ela transmitiu às massas. Mas a sua maior ousadia nesse sentido talvez tenha sido aquela que iniciou a partir de 1976, em um programa de rádio, no qual Dolto recebia cartas com as mais diferentes questões de adultos e crianças e respondia ao vivo para sua vasta plateia de ouvintes. Foi, portanto, através do uso de diferentes mídias e com uma linguagem acessível que Dolto levou a psicanálise para dentro dos lares franceses, fazendo com que ela ganhasse os ambientes informais e passasse a fazer parte do cotidiano das famílias e até mesmo das infames mesas de bar – e por que não?! Dentro dessa prática, Dolto se propôs a partilhar um conhecimento que antes estava exclusivamente reservado para alguns grupos, e tal feito cumpriu e defendeu com a mesma seriedade e ética que fazia dentro da sua clínica e para com seus pares.

É importante contextualizar que isso tudo ocorria em uma França pós-guerra, pós-maio de 68, em total transformação e que, até então, era majoritariamente rural, e tornara-se recentemente industrializada. Com tantas mudanças de paradigmas ocorrendo, havia uma geração recém-desconstruída e ávida por novos conhecimentos, cheia de dúvidas e com novas inseguranças sobre os mais diversos temas: desde a sexualidade infantil até educação, criação dos filhos, separação dos pais. Eram pessoas precisando de novos sentidos e direções. Mas, se havia uma massa ávida por conhecimento de um lado, havia igualmente do outro lado uma psicanalista ávida em transmitir. E essa transmissão ao final se resumiria a "escute e fale com as crianças".

Se for necessário eleger sua principal contribuição, talvez diríamos que é essa sua ênfase na criança como sujeito, que tem que ser escutado, que necessita ter seu mundo traduzido em palavras e em símbolos. Para Dolto, a criança é lúcida e precisa da escuta e explicação do mundo pelos adultos. Sua aposta na fala, na linguagem causou efeitos impressionantes. Ela inclusive chega a dizer que bebês a partir de 6 meses têm o direito de estar inclusos nas conversas importantes da família, como o divórcio.

Embora ela apoiasse sua teoria majoritariamente em sua clínica, traz também suas experiências como criança, como mãe, a observação de seus filhos e até mesmo o interesse em cenas de anônimos com muita importância. Há particularmente uma observação que ela narra no capítulo "Palavras e fantasmas", do livro *No jogo do desejo*, do brincar de crianças em um trem, em que ela demonstra como as crianças estão atentas ao que se passa no mundo dos adultos. E, nesse sentido, também nos problematiza o quanto estão sujeitas a equívocos quando há ausência de uma linguagem e escuta adulta para mediar essa realidade. Trata-se de uma cena em uma vagão-leito que viajava pelos Alpes. O comissário do trem passa e anuncia:

> *— Não se apressem, estamos com 2 horas de atraso!*
>
> *Decepção da pequena família. Riri e Jaja, ambos libertos de seus bonés e casacos de neve, passam a correr pelo corredor; o pai e a mãe fumam diante de seu compartimento e parecem ansiosos:*
>
> *— Que vamos fazer? A essa hora, o ônibus terá ido embora e teremos que esperar pelo das 11 horas. Devíamos ter dito a padre Fulano que viesse nos buscar de táxi.*

— Já imaginou esperar num frio desses com as crianças?

— Não se aflija tanto, há sempre a sala de espera!

— É, mas não é aquecida.

— A gente encontra um calefator... Não somos os únicos, não se incomode. Você fica na estação, perto do calefator, e eu telefono para o padre Fulano para que ele venha nos apanhar.

Com uma expressão preocupada os adultos entram na cabine. Um momento de silêncio entre as crianças e depois, com a voz excitada, a mais velha diz:

— Oh!! Nós vamos ver os soldados-barracas. Daí vai ser bom, e os cawbois e aí os índios! [no original, revela-se uma homofonia entre salle d'attente - sala de espera - e soldant-tente - soldados-barracas].

A menor encadeia, pronunciando mal as palavras:

— E aí eles tocam tambô e coneta!

— Mas como que eles podem atirar se eles têm zero braços [no francês, as crianças promoveram um deslize entre as palavras zero bras - zero braços - e brasero - calefator]. Puxa, eu queria ver isso, é, sim, como que eles podem?

Riri se interroga, angustiado por fantasmas de corpos mutilados.

— A gente vai ver, consolam-se um ao outro.

Os pais sem ouvidos permanecem mudos diante dessas perguntas concernentes a significantes insólitos, sala de espera e calefatores, geradores fantasmáticos, contentando-se com um simples:

— *Mas querem calar a boca?* (Dolto, 1981, pp. 12-13)

Enfim, a cena continua, junto desses graciosos equívocos, mas achei interessante esse escrito não apenas pelo seu conteúdo, mas também para demonstrar como uma cena do cotidiano pode fazer parte de uma contribuição teórica tão importante. Também não por acaso, está presente na teoria as vivências mais precoces de Dolto, antes de ela saber o que era psicanálise. Sua infância é narrada sempre com grande importância, tanto por Dolto como por seus biógrafos, a qual ela narra e privilegia com a mesma devida importância que suas vivências na vida adulta. Para que possamos entender, vou contar alguns recortes importantes da sua vida:

Sua personalidade é marcada por detalhes interessantes, como o curioso quase clichê de ter sido uma "filha do meio": ela é a quarta filha de um casal com sete filhos, de classe média alta e católicos praticantes. A história de vida de Dolto, principalmente os fatos que marcaram sua infância, nos convida a uma trajetória de pensar em como foi se formando essa psicanalista que militou ao longo de sua vida pela infância e por um lugar de sujeito para a criança. Um fato marcante, por exemplo, é narrado por ela. Diz que, desde o nascimento, era cuidada por uma babá irlandesa, com quem tinha forte ligação. Mas que, aos 8 meses, seus pais descobrem que essa jovem babá - apesar de dispensar bons cuidados para a pequena Françoise - a levava a lugares inapropriados para uma criança, como um bordel de luxo que ela frequentava, onde fazia uso de cocaína.

Abruptamente eles rompem com a babá, mas, possivelmente em consequência desse episódio, Dolto adoece, tem uma broncopneumonia dupla (aliás, quem se familiariza com ela logo se familiariza com o vocabulário médico que também está contido nas suas obras). Ela é então salva por sua mãe, que decide intuitivamente mantê-la colada ao seu corpo por 24 horas, o que resulta em uma melhora do quadro. A partir desse recorte da sua infância, é quase impossível não pensarmos na relação entre seu empenho e desejo de ajudar crianças que passam por rupturas de laços tão precocemente e sua própria história. Nesse mesmo episódio podemos encontrar ao menos dois aspectos da sua clínica: a intuição, sempre tão presente, e o reconhecimento do lugar de sujeito que o bebê ocupa (Dolto, 1990).

Ela era esse sujeito e se descreve como uma criança que esteve sempre bastante atenta ao mundo dos adultos e a si mesma. Não por acaso, aos 8 anos, forjou para si a profissão de seus sonhos: se tornar médica da educação. Essa pessoa ávida por transmitir conhecimento que ela se tornou tem sua raiz na criança ávida por obter respostas. Segundo Dolto, suas babás pouco sabiam lidar com sua enorme curiosidade e respondiam muito pouco a suas inquietações. Ela cresce. Desenvolve sintomas, começa a psicanálise. E, então, contrariando o desejo de seus pais, mas o com apoio de seu psicanalista, ela se forma médica.

Durante esse percurso ela trabalhou na Maison Blanc, um hospital psiquiátrico para adultos, o qual ela diz ter sido fundamental para que decidisse se voltar ao trabalho com crianças, campo que ela acreditava ter muito maiores possibilidades de cura. Ela chega a dizer que "Não se pode fazer nada aos pacientes adultos a esse ponto. É com crianças, portanto, que se deve trabalhar" (Dolto, 1990). Faz também estágios em serviços de psiquiatria para crianças nos quais ela relata ter aprendido "o que não se deve fazer". Um dos seus importantes feitos e que mais a aproxima do seu sonho de médica da educação foi a invenção das Maison Vertes, espaços de educação vanguardista para crianças pequenas.

Ela foi um sujeito com aspectos complexos que a tornaram também heterodoxa como mulher e psicanalista e que contribuíram demasiadamente para seu legado. É uma médica, psicanalista, ao mesmo tempo secular e católica (dentro de um campo majoritariamente ateu) e, ainda assim, marcada principalmente por uma ética não moralista. Ela e suas contribuições são atravessadas por todas essas características que, contrariando o óbvio, coexistem e tornam todo o contexto ainda mais interessante. Sua forma direta de responder aos ouvintes na rádio não parece se diferenciar da forma com que diretamente falava com os pais ou seus pacientes sobre suas questões, sempre os responsabilizando de alguma forma por suas escolhas e desejos. Aliás, ela chega a dizer a máxima de que o sujeito é responsável por sua vida, pois escolhe nascer e sobreviver a ela.

Ela é provocadora e honesta sobre sua fé no sujeito, no catolicismo e na psicanálise da mesma forma que é tão honesta nos seus relatos clínicos, marcados por ousadia e criatividade. Por tudo isso e muito mais, continua arrebatando inspirações contemporâneas, tanto de leigos, a partir de livros *best-sellers* americanos inspirados de alguma forma em sua obra, como *Crianças francesas não fazem manha*, como de profissionais acadêmicos encantados por seu legado.

Referências

Dolto, F. (1981). *No jogo do desejo*. São Paulo: Ática.

Dolto, F. (1990). *Auto-retrato de uma psicanalista*. Rio de Janeiro: Jorge Zahar.

Druckerman, P. (2013). *Crianças francesas não fazem manha*. São Paulo: Companhia das Letras.

Uma obra, a cultura e o tempo

Miguel Vallim

Neste texto procuro tecer algumas considerações a respeito da transmissão da psicanálise de modo geral e, como um caso específico, da transmissão da obra pouco conhecida desta autora tão célebre: Françoise Dolto. Particularmente, colocarei-me a pensar sobre os modos peculiares pelos quais a psicanálise se transmite de pessoa a pessoa, algumas vezes sem a mediação da palavra escrita. Parafraseando Hannah Arendt – em *As origens do totalitarismo* (2013) –, podemos dizer que, a cada psicanalista que se forma, a história da psicanálise se refaz.

Ao falar de uma figura como Dolto diante do panorama da história da psicanálise e do trabalho com a infância, estamos também tratando da passagem do tempo; daquilo que atravessa as gerações e que chamarei aqui de *herança*.

A obra de Dolto é uma obra multifacetada; é uma pedra bruta. Silvia Fendrik (2007) a compara a um quadro cubista ou a um quebra-cabeça em que sobram peças.[1] Aproveitando a analogia e

---

1 "Suas estranhas afirmações, seus insólitos enunciados configuram um quebra-cabeças onde parecem sobrar peças ou um quadro de Picasso onde o

levando adiante a imagem que Fendrik nos oferece, penso que, se sobram peças neste quebra-cabeça, não me parece que elas possam ser jogadas fora simplesmente – como se poderia supor –, mas que se trata de um quebra-cabeça que admite diferentes arranjos, do qual emergem diferentes figuras. Imagens coerentes e perfeitas em si mesmas, mas nem sempre em consonância com as outras que possam por ventura se formar.

Um quadro cubista – diferentemente de um quadro renascentista, que nos oferece A perspectiva – permite que o olhar se posicione de diferentes ângulos, com sentidos diversos e coexistentes. Em todo caso, há ainda um trabalho a ser feito pelo receptor/leitor. A esse trabalho nos dedicamos neste texto. Não me parece que esta coletânea seja apenas uma homenagem à memória de Françoise Dolto – que seria merecida –, mas um modo de nos apropriarmos de sua herança, ainda que trinta anos após a sua morte e a um oceano de distância.

Antes de observar a lógica interna da sua obra (o que não seria uma tarefa simples, pelo modo como é fragmentada e pelo fato de ser uma obra multimídia), parece-me importante pensar em como situar a sua figura na história. Para além de uma certa caricatura que se costuma construir em torno dela, proponho que façamos um exercício de análise, de separação, uma espécie de destilação de sua herança.

Penso que há ao menos três facetas que merecem ser contempladas quando falamos de Françoise Dolto, cada qual situada de um modo próprio diante da história, a depender também da concepção de história que se carrega.

---

espectador descobre múltiplas e complexas dimensões de um mesmo corpo, que o obrigam a desistir de uma única mirada para abarcar o todo" (Fendrik, 2007, p. 14).

São três modos – ao menos – de situar Dolto no tempo, três maneiras de colocá-la em relação à cultura. Uma cronologia de sua vida, que de modo algum é dispensável, não poderia dar conta de alguns aspectos da passagem do tempo. Talvez haja aqui uma pergunta maior, um tanto mais filosófica a respeito do próprio tempo: a respeito daquilo que passa, daquilo que permanece e também daquilo que se repete; um nó bastante psicanalítico.

A história da psicanálise já é vasta: em aproximadamente 120 anos de clínica, pesquisa e escrita, já há uma miríade de autores, práticas e ideias com os quais o psicanalista no curso de sua formação precisa entrar em contato. Não é simples traçar um percurso ao tecer a própria teia de referências, e me parece que as escolhas que se faz são parte determinante da construção da identidade de cada analista como uma figura singular. Diante deste horizonte extenso que é o mundo dos autores psicanalíticos, convém ter consigo, também, um modelo de história, uma grade que nos permita organizar e colocar os autores em relação e, ao mesmo tempo, nos situar em relação a eles.

Esse modelo é precisamente o que nos oferece Renato Mezan (2019b) em *O tronco e os ramos*, um extenso trabalho de pesquisa que procura a um só tempo organizar os diferentes autores em relação à evolução do campo psicanalítico como um todo e à maneira como as suas obras se entrecruzam epistemologicamente de modo a dar conta dos problemas clínicos que se colocam a enfrentar ou leituras que buscam promover.

> *Para compreender o que se passa, convém utilizar o conceito psicanalítico de sobredeterminação. Este conceito não implica apenas que o fenômeno considerado tenha várias causas concomitantes; implica ainda que o fenômeno remeta a "elementos múltiplos, capazes de*

> *se organizar em sequências significativas múltiplas, das quais cada uma, num certo nível de interpretação, possui uma coerência própria". Essas cadeias significativas se recortam umas às outras em torno de um ponto nodal: é o que afirma a teoria clássica do sintoma e do sonho. (Mezan, 2019b, p. 37)*

Apoiados na definição de tempo oferecida por Mezan, podemos situar, então, as três diferentes facetas da obra de Dolto. Três maneiras de habitar ou de se deixar afetar pela passagem do tempo:

a) Dolto teórica (imagem inconsciente do corpo e as castrações simboligênicas) – uma autora contemporânea.

b) Dolto clínica – um clássico.

c) Dolto política – uma pioneira.

Passarei rapidamente pelas duas primeiras, para me deter naquela figura que chamei – na falta de um nome melhor – de *Dolto política*, uma habitante da cidade, o tema mais específico deste debate, embora os outros dois aspectos obviamente também pudessem ser aprofundados, trazendo resultados interessantes.

Dolto teórica

A grande contribuição de Dolto ao campo da teoria psicanalítica foi a criação do conceito de *imagem inconsciente do corpo*, um conceito complexo que se presta a articular a leitura das relações entre o corpo e a linguagem nos primeiros estágios do desenvolvimento do bebê.

Articulada à ideia de imagem inconsciente do corpo surge uma teoria do desenvolvimento psíquico e uma particular apropriação do conceito de *castração*. As *castrações simboligênicas*, termo cunhado por Dolto, são momentos cruciais no desenvolvimento das crianças pequenas, quando uma mudança no ambiente, a saber, uma interdição de certa modalidade de prazer (e, portanto, de relação com o mundo e com o outro), incide sobre determinada zona erógena, promovendo processos de simbolização e, portanto, de desenvolvimento. Trata-se, segundo a sua visão, de uma prova que a criança supera com o auxílio das palavras empenhadas pelos adultos que a circundam.

Mezan (2019b) propõe como primeira aproximação em relação à genealogia da psicanálise uma organização cronológica que divide a sua história em quatro grandes eras. O primeiro período vai de 1895 a 1918 e sua produção psicanalítica se resume aos trabalhos do próprio Freud; o segundo, de 1918 a 1939, se encerra com a diáspora promovida pelo início da Segunda Guerra Mundial; o terceiro, de 1940 a 1970-1975, é a chamada "era das escolas", quando havia correntes de pensamento que reivindicavam para si o título de verdadeiras herdeiras da tradição freudiana; e, por fim, o quarto período, de 1970-1975 até os dias de hoje, é o que chamamos de psicanálise contemporânea e se caracteriza por um maior trânsito dos autores em relação a referências que tinham dificuldade em estabelecer um diálogo que não fosse polêmico durante a era das escolas.

No entanto, para além dessa organização cronológica de autores, escolas e temas, há também relações epistemológicas de aproximação e afastamento entre autores, o que permite uma leitura mais rica e a existência, de fato, de um modelo sobredeterminante de história da psicanálise. "Grosso modo, Mezan propõe uma primeira divisão entre as linhas de pensamento em psicanálise em torno de dois grandes paradigmas, de um lado reflexões que habitariam o paradigma 'pulsional', de outro, aqueles que ocupam o paradigma 'objetal'" (Vallim, 2016, p. 63).[2]

Dessa perspectiva, o paradigma pulsional tem como conceito central a pulsão, seus movimentos em busca de descarga e suas relações com os mecanismos de defesa e mesmo as tensões entre pulsão de vida e pulsão de morte. Neste paradigma, o objeto da pulsão é seu aspecto mais móvel, quase secundário. Constitui-se um modelo hidráulico do funcionamento mental: a partir de descargas, tensões, resistências e defesas pensam-se sintomas e as possibilidades de tratamento (Vallim, 2016, p. 72).

Desde Fairbairn, passando por Bálint e Winnicott, o papel central do conceito de pulsão passou a ser questionado, dando-se cada vez mais acento aos objetos, ao ambiente e às relações com o outro no curso do desenvolvimento e dos tratamentos. Tal escolha do ponto de apoio traz implicações importantes no modo como se vão estruturar as diversas dimensões da teoria. Os quatro gomos da teoria sofrem *acomodações e reformulações* importantes a depender de qual conceito é visto como central. Trata-se daquilo que Mezan define como o paradigma objetal.[3]

---

2 Ao longo de *O tronco e os ramos* (2019b), o autor ainda apresentará um terceiro paradigma, o "subjetal", no qual situa a teoria lacaniana. No entanto, a meu ver, a teoria de Françoise Dolto distingue-se suficientemente da lacaniana para ser discutida em relação aos paradigmas objetal e pulsional. Espero deixar isso claro ao final do texto.

3 Como nos explica Mezan (2019b): "Nesta perspectiva, a experiência humana não é moldada primordialmente pelo jogo das pulsões, mas pela maneira como se organizam as primeiras relações do bebê com os outros seres humanos. . . . Não se trata de uma visão moral – a relação com o outro *deve* prevalecer sobre a satisfação egoísta dos impulsos – mas de uma visão ontológica: a satisfação do que há de mais fundamental no ser humano se dá *no* e *pelo* relacionamento com os outros. Aqui também os psicanalistas se vinculam a uma importante tradição da filosofia ocidental, cujos representantes são, por exemplo, Aristóteles (o homem é um animal social), Rousseau, Marx" (p. 69).

O que Dolto propõe ao cunhar o conceito de imagem inconsciente do corpo é justamente que se pense o desenvolvimento humano, desde a vida intrauterina até o mundo adulto, de modo que as pulsões e as relações com o ambiente e a linguagem não tenham uma relação de anterioridade, nem mesmo de hierarquia, umas com as outras. Trata-se de uma visão que supera a divisão entre o paradigma pulsional e o paradigma objetal. "Tudo é linguagem" é, antes de qualquer coisa, uma visão ontológica que é mais afinada com os autores da psicanálise contemporânea, e não restrita ao universo lacaniano.[4]

Dolto clínica

Do ponto de vista clínico, eu diria que Dolto é um clássico. Tomando o caso clínico como um gênero literário, como um dos modos peculiares de transmissão da psicanálise em geral e da clínica psicanalítica especificamente, penso que Françoise Dolto, com sua reconhecida habilidade clínica, deixou um legado importante, que transmite uma postura clínica e uma ética de trabalho.

E aqui pego de empréstimo a tentativa de Italo Calvino (2007) de definir o que é um clássico em *Por que ler os clássicos*, pois penso que se aplica em cada item ao que Dolto tem de mais poderoso e

4 Luís Claudio Figueiredo, outro psicanalista que vem se dedicando a pensar a história da psicanálise e as relações entre linhas de pensamento, define a psicanálise contemporânea em termos semelhantes aos de Mezan: "Atualmente, o que de mais interessante está sendo realizado em psicanálise é uma articulação entre as duas matrizes. Embora já anteriormente propuséssemos um atravessamento de paradigmas em que pulsão e relações de objeto, fantasias e traumatismos, desejo e necessidades, conflitos e déficits, intrapsíquico e intersubjetivo pudessem ser considerados conjuntamente – criando uma psicanálise em uma era transescolar – na época ainda não nos dávamos conta da complexidade da tarefa" (Figueiredo & Coelho Jr., 2018, p. 7).

que faz com que a sua voz ressoe até hoje: a clínica psicanalítica e o modo como ela pode se materializar na escrita de um "caso clássico".

> *1. Os clássicos são aqueles livros dos quais, em geral, se ouve dizer "Estou relendo...", e nunca "Estou lendo...".*
> . . .
>
> *2. Dizem-se clássicos aqueles livros que constituem uma riqueza para quem os tenha lido e amado; mas constituem uma riqueza não menor para quem se reserva a sorte de lê-los pela primeira vez nas melhores condições para apreciá-los. . . .*
>
> *3. Os clássicos são livros que exercem uma influência particular quando se impõem como inesquecíveis e também quando se ocultam nas dobras da memória, mimetizando-se como inconsciente coletivo ou individual. . . .*
>
> *4. Toda releitura de um clássico é uma leitura de descoberta como a primeira.*
>
> *5. Toda primeira leitura de um clássico é na realidade uma releitura. . . .*
>
> *6. Um clássico é um livro que nunca terminou de dizer aquilo que tinha para dizer. . . .*
>
> *7. Os clássicos são aqueles livros que chegam até nós trazendo as marcas das leituras que precederam a nossa e atrás de si os traços que deixaram na cultura ou nas culturas que atravessaram (ou mais simplesmente na linguagem ou nos costumes). . . .*

> *8. Um clássico é uma obra que provoca incessantemente uma nuvem de discursos críticos sobre si, mas continuamente a repele para longe. . . .*
>
> *9. Os clássicos são livros que, quanto mais pensamos conhecer por ouvir dizer, quando são lidos de fato mais se revelam novos, inesperados, inéditos. . . . os clássicos não são lidos por dever ou por respeito, mas só por amor. . . .*
>
> *10. Chama-se de clássico um livro que se configura como equivalente do universo, à semelhança dos antigos talismãs. . . .*
>
> *11. O "seu" clássico é aquele que não pode ser-lhe indiferente e que serve para definir a você próprio em relação e talvez em contraste com ele. . . .*
>
> *12. Um clássico é um livro que vem antes de outros clássicos; mas quem leu antes os outros e depois lê aquele, reconhece logo o seu lugar na genealogia. . . .*
>
> *13. É clássico aquele que tende a relegar as atualidades à posição de barulho de fundo, mas ao mesmo tempo não pode prescindir desse barulho de fundo.*
>
> *14. É clássico aquilo que persiste como rumor mesmo onde predomina a atualidade mais incompatível. (Calvino, 2007, pp. 9-16)*

Dolto política

Do ponto de vista político, situo Dolto como uma pioneira ou uma desbravadora, ainda que Roudinesco (1988) diga que "a partir de 1945, a história da implantação do freudismo é uma questão resolvida. O historiador troca o terreno da grande aventura dos pioneiros pelo outro, menos heroico, da gestão de conflitos" (p. 182).

Para Dolto, no entanto, a implantação da psicanálise não era uma questão resolvida, como me parece que ainda não seja, num certo sentido. Por mais que já houvesse instituições estabelecidas e analistas em formação em número satisfatório, a postura de Dolto era ainda aquela de uma desbravadora, de alguém que conquista territórios estranhos à disciplina.

Será que poderíamos nos referir a ela – agora parafraseando Mezan (2019a) em *Freud, pensador da cultura* – como "Dolto, pensadora da cultura"? Ela estava ali, se esforçando para oferecer uma visão própria a respeito do que se passava ao longo do século XX? Parece-me que não, e me explico. No dia da defesa da minha dissertação de mestrado, a psicanalista Silvana Rabello levantou uma questão que eu não soube responder a contento naquele momento. Perguntou se eu definiria Françoise Dolto como uma "rebelde".

Respondi que não, mas naquele momento não pude encontrar um termo com o qual a definir. Passado algum tempo, hoje talvez eu tenha encontrado uma palavra mais justa. Se fosse escolher uma só para me referir a Dolto, hoje eu diria que ela era "responsável". Vejamos este episódio em que narra uma cena vivida por ela no período da Primeira Guerra:

> *E então eu fazia cachecóis porque era preciso que eles [os soldados] tivessem lã para se aquecer . . . E naturalmente isso me entediava, eu passava todo o tempo tricotando, eu não conseguia nem mesmo brincar, porque me culpava. Eles estavam esperando; precisando supostamente. Havia um coitado, mal agasalhado nas trincheiras, que esperava o meu cachecol e que morreria de*

> *frio se eu não o terminasse a tempo. E naquele momento não me dava conta de que isso divertia as pessoas, me ver toda compenetrada e imbuída de um grande valor com aquela tarefa, aquele compromisso, afinal. Eu não sei por que, mas era um pouco sádico [da parte dos adultos], de todo modo. (Dolto, 1986, p. 32)*

Embora Dolto relate o sentimento de culpa que movia suas mãos ao tricotar, não é como se ela se culpasse pela ocorrência da grande guerra, nem pelo desamparo dos soldados. O que a levava adiante era a possibilidade de fazer algo que estava ao seu alcance e que poderia aliviar a vida dos miseráveis nas trincheiras. Há uma diferença importante entre *culpa* e *responsabilidade*, tal qual as define Hannah Arendt (citada por Salles, 2018):

> *Diria que duas condições têm de estar presentes para a responsabilidade coletiva: devo ser considerado responsável por algo que não fiz, e a razão para a minha responsabilidade deve ser o fato de eu pertencer a um grupo (um coletivo), o que nenhum ato voluntário meu pode dissolver . . . Esse tipo de responsabilidade, na minha opinião, é sempre político, quer apareça na forma mais antiga em que toda uma comunidade assume a responsabilidade por qualquer ato de qualquer de seus membros, quer no caso de uma comunidade ser considerada responsável pelo que foi feito em seu nome . . . Nesse sentido somos sempre considerados responsáveis pelos pecados dos nossos pais, assim como colhemos as recompensas de seus méritos; mas não somos, é claro, culpados de suas malfeitorias, nem moral nem legalmente. Nem podemos atribuir os seus atos a nossos méritos.*

Por isso digo *Dolto política*: parece-me que ela trabalhou mais no registro da ação do que no registro da reflexão e talvez por isso seja um tanto difícil identificar de imediato os ecos da sua produção. "Dolto e a cultura" é um campo que se configura para muito além do território dos conceitos psicanalíticos...

Num rápido sobrevoo que nos permita ter uma ideia da dimensão dos seus esforços em ocupar os espaços mais diversos em nome da "causa das crianças", segue-se uma lista daquilo que ela desbravou ao longo dos seus oitenta anos de vida, algo como um mapa para aqueles que desejarem se aprofundar em algum tema mais específico.

- *A religião* – em *A fé à luz da psicanálise* (2012a) e *Os evangelhos à luz da psicanálise* (2010), publicados no final de sua vida, ela traça reflexões psicanalíticas e leva adiante uma leitura bastante original e própria de alguns dos livros fundadores da civilização ocidental.
- *A instituição escolar* – participação como conselheira da École de la Neuville, uma instituição escolar fundada nos anos 1970, experimental à época, que permanece em operação até os dias de hoje.[5]
- *O direito da família* – na longa entrevista *Quando os pais se separam* (1989), ela tece considerações a respeito do divórcio, que era então algo relativamente novo, e dos possíveis impactos das transformações conjugais na vida das crianças pequenas. Traz reflexões acerca do narcisismo, das funções dos genitores, do papel da justiça e da figura dos juízes, algumas delas datadas e outras ainda atuais, permanecendo uma referência valiosa.

5 Vide documentário *Parole, l'héritage Dolto*, de Vincent Blanchet (Paris, mk2, 2006).

- *A fundação de um equipamento urbano e uma democracia institucional* – a criação da Maison Verte, um espaço novo na cidade, algo como uma praça coberta, um lugar de convivência e socialização para crianças e seus cuidadores. Dolto tinha a intenção de criar um espaço intermediário entre a família e a escola, com o objetivo de promover uma entrada menos traumática no universo escolar, e na vida coletiva. Para tanto, Dolto cria, junto com uma equipe, uma instituição com um modo de funcionar muito particular, movido pela psicanálise ainda que não se tratasse de um centro de atendimentos. Há alguns elementos da própria montagem institucional que merecem ser destacados:

  a) Não hierarquia entre os membros da equipe; nem mesmo a própria Dolto ocupava um lugar superior.

  b) Rotatividade da equipe ao longo da semana e presença de ao menos um homem a cada dia.

  c) Paridade salarial entre todos os membros da equipe.

  d) Recusa a submeter-se à avaliação da Fondation de France. Segundo Dolto, o que legitimava a existência do espaço era o fato de que as famílias seguiam frequentando o espaço. A equipe não se via obrigada a justificar o trabalho a partir de qualquer tipo de evolução ou resultado.

  e) Recusa a que se replique a experiência. Há muitas *maisons vertes* pelo mundo, mas cada uma delas precisou ser criada por seus próprios autores, em seus contextos únicos.

  f) Não existência de um registro das crianças que frequentam o lugar; não há relatórios, prontuários ou avaliações de nenhuma forma. Cada criança que chega tem seu primeiro nome escrito numa lousa à entrada, marcando a sua chegada, e nada mais.

- *Os programas de rádio* – o século XX testemunhou o florescimento dos meios de comunicação de massa e foi moldado por eles de diferentes formas. O rádio ocupa um lugar de destaque no rol de ferramentas que a humanidade criou para fazer a palavra chegar aos ouvidos. Nesse contexto, no ano de 1976, Françoise Dolto recebeu um telefonema de Pierre Wiehn, então diretor da rádio France Inter, convidando-a para participar de um programa de rádio destinado a pais com alguma dificuldade na criação de seus filhos. "A demanda é grande, dizia-me ele; muitos pais, desde que o rádio se tornou o companheiro sonoro do lar, buscam nele respostas para os seus problemas psicológicos" (Dolto, 2008, p. X).

De pronto surgem questões a respeito da viabilidade e dos sentidos de um programa neste formato, em que Dolto responderia às perguntas de mães, pais, cuidadores e crianças. "Acaso esse conhecimento do sofrimento humano [a psicanálise], sempre particular e individual, pode contribuir para ajudar os outros? Não sei. A experiência o mostrará" (Dolto, 2008, p. XIII)

Após alguma hesitação da parte dela e bastante insistência da parte de Pierre Wiehn, passaram a traçar algumas diretrizes, objetivos gerais e ambições que poderiam nortear o programa: "Como responder de maneira eficaz sem prejudicar, sem doutrinar e, usando essa audiência, fazer algo por aqueles que são o futuro de uma sociedade que nunca os ouve?" (Dolto, 2008, p. IX).

Apesar das perguntas, havia também uma série de elementos que justificavam a empreitada, conhecidos de Dolto pelos anos de trabalho com as crianças. Era a oportunidade de ocupar mais um espaço e dar vazão novamente a seus esforços de prevenção dos distúrbios de desenvolvimento na infância.

> *Além dos distúrbios reativos recentes, devidos a acontecimentos escolares ou familiares, existem verdadeiras neuroses e psicoses infantis que começaram com distúrbios que seriam reversíveis caso alguém tivesse ajudado os pais e as crianças a se entenderem, sem angústia nem sentimento de culpa de parte a parte. . . . Desdramatizar situações emperradas . . . para despertar a capacidade de reflexão. (Dolto, 2008, p. IX)*

"Como proceder?" (Dolto, 2008, p. XII). É claro que não se trataria de empreender processos analíticos através das ondas de rádio. Era necessário, portanto, criar alguns procedimentos que fizessem com que o programa se aproximasse dos seus objetivos. Uma das grandes apostas era o efeito da escrita epistolar: a carta, este gênero de texto em que a escrita se faz na vizinhança de um destinatário imaginado, seria a fundação sobre a qual o programa se sustentaria.

> *Em primeiro lugar, não respondendo ao vivo e a qualquer pergunta, ainda que anônima. Era preciso suscitar cartas detalhadas, garantindo aos que escrevessem que todas as suas cartas fossem lidas atentamente, embora poucas pudessem receber resposta, dada a brevidade do tempo no ar. Formular por escrito suas dificuldades já é um meio de ajudar a si mesmo. Essa era a minha primeira ideia. (Dolto, 2008, p. XI)*

Após a primeira etapa do processo, que era a escrita por aqueles que tinham alguma questão própria a endereçar, havia de se decidir o que seria comentado no programa que iria ao ar. Era preciso estabelecer critérios que fizessem com que a resposta tivesse o maior alcance possível, para além dos casos específicos.

> *Deveríamos falar, através de casos particulares, dessas dificuldades mais frequentes, para que o programa servisse realmente a uma compreensão da infância por adultos que, em grande parte, não tivessem nenhuma ideia dessas provações específicas da infância e das modalidades reacionais que acompanham obrigatoriamente, segundo a natureza de cada criança, sua resolução favorável. (Dolto, 2008, p. XII)*

Dolto foi ambiciosa e humilde em seus objetivos. Enquanto carregada de otimismo ao apostar em mais essa modalidade de transmissão, sabia das limitações de sua própria visão e de sua experiência, num mundo que está em constante mutação.

> *Falo como uma mulher que, embora psicanalista, está na idade de ser avó, e mais, mulher cujas respostas são contestáveis, num mundo em transformação onde as crianças de hoje serão os adolescentes e adultos de amanhã, numa civilização em mutação. Tento apenas esclarecer a questão de quem pergunta. (Dolto, 2008, p. XIII)*

De que importa isso tudo, num mundo em que o rádio já não possui o mesmo alcance e as massas são atingidas por novos meios de comunicação? Além do interesse histórico inegável, há também uma peculiar posição de Françoise Dolto diante das dificuldades e dos limites; algo que é possível identificar em muitos passos de sua jornada pessoal e que também parece atravessar as muitas coisas que ela realizou nos seus oitenta anos de vida; algo que permitiu que Dolto se arriscasse nos terrenos mais diversos e talvez possa nos servir de norte: "É claro que não se devia esperar muito deste tipo de programa; contudo, seria isso razão para recusar? É claro que, diga-se o que for, isso provocaria muitas contestações; contudo, seria isso razão para não tentar?" (Dolto, 2008, p. XII).

Ao que parece, ao longo da sua trajetória, Dolto seguiu tricotando.

Fim e começo

Depois de cada guerra
alguém tem que fazer a faxina
colocar uma certa ordem
que afinal não se faz sozinha.

Alguém tem que jogar o entulho
para o lado da estrada
para que possam passar
os carros carregados de corpos.

Alguém tem que se atolar
no lodo e nas cinzas
em molas de sofás
em cacos de vidro,
e em trapos ensanguentados.

Alguém tem que arrastar a viga
para apoiar a parede,

pôr a porta nos caixilhos,
envidraçar as janelas.

A cena não rende foto
e pode levar anos.
E todas as câmeras já debandaram
para outra guerra.

(Szyborska, citada por Salles, 2018)

Referências

Arendt, H. (2013). *As origens do totalitarismo*. São Paulo: Companhia das Letras.

Arendt, H. (2016). *Entre o passado e o futuro*. São Paulo: Perspectiva.

Arendt, H. (2018). *A condição humana*. Rio de Janeiro: Forense Universitária.

Calvino, I. (2007). *Por que ler os clássicos*. São Paulo: Companhia das Letras.

Dolto, F. (1981). *O caso Dominique*. Rio de Janeiro: Zahar Editores.

Dolto, F. (1986). *Enfances*. Paris: Seuil.

Dolto, F. (1990). *Auto-retrato de uma psicanalista*. Rio de Janeiro: Jorge Zahar Editor.

Dolto, F. (1996). *No jogo do desejo*. São Paulo: Ática.

Dolto, F. (1999). *As etapas decisivas da infância*. São Paulo: Martins Fontes.

Dolto, F. (2001). *Solidão*. São Paulo: Martins Fontes.

Dolto, F. (2002). *Tudo é linguagem*. São Paulo: Martins Fontes.

Dolto, F. (2005a). *La dificultad de vivir. Familia y Sentimientos*. Barcelona: Gedisa Editorial.

Dolto, F. (2005b). *La dificultad de vivir. Psicoanálisis y sociedad*. Barcelona: Gedisa Editorial.

Dolto, F. (2008). *Quando os filhos precisam dos pais: resposta a consultas de pais com dificuldades na educação dos filhos*. São Paulo: WMF Martins Fontes.

Dolto, F. (2010). *Os evangelhos à luz da psicanálise*. São Paulo: Verus.

Dolto, F. (2012a). *A fé à luz da psicanálise*. 2ª ed. São Paulo: Verus.

Dolto, F. (2012b). *A imagem inconsciente do corpo*. São Paulo: Perspectiva.

Dolto, F., & Nasio, J.-D. (2008). *A criança do espelho*. Rio de Janeiro: JZE.

Fendrik, S. (2007). *Psicoanalistas de niños: la verdadera historia (Françoise Dolto y Maud Mannoni)*. Buenos Aires: Letra Viva.

Figueiredo, L. C., & Coelho Jr., N. E. (2018). *Adoecimentos psíquicos e estratégias de cura*. São Paulo: Blucher.

François, Y. (2001). Um caso de adolescente de F. Dolto: Dominique ou o adolescente psicótico. In J. D. Nasio (Org.), *Os grandes casos de psicose* (pp. 159-188). Rio de Janeiro: Zahar.

Freud, S. (1909). Análise de uma fobia em um menino de cinco anos. In S. Freud, *Edição Standard Brasileira das Obras Completas de Sigmund Freud* (Vol. X). Rio de Janeiro: Imago, 2013.

Gay, P. (1989). *Freud: uma vida para o nosso tempo*. São Paulo: Companhia das Letras.

Guillerault, G. (2005). *Dolto, Lacan y el estádio del espejo.* Buenos Aires: Nueva Vision.

Kupfer, M. C. M. (1989). *Freud e a educação: o mestre do impossível.* São Paulo: Scipione.

Kupfer, M. C. M. (2005). Prefácio. In D. W. Teperman, *Clínica psicanalítica com bebês: uma intervenção a tempo.* São Paulo: Casa do Psicólogo.

Kupfer, M. C. M. (2006, set.). Françoise Dolto, uma médica de educação. *Revista Mal-Estar e Subjetividade, 6*(2).

Ledoux, M.-H. (2005). Introdução à obra de Françoise Dolto. In J.-D. Nasio, *Introdução às obras de Freud, Ferenczi, Groddeck, Klein, Winnicott, Dolto, Lacan.* Rio de Janeiro: Zahar.

Lunardelli, A. J. (2012, dez.). Clínica da prevenção: o olhar sobre o corpo do bebê. *Estilos da Clínica, 17*(2).

Mezan, R. (1993). *Que significa pesquisa em psicanálise? A sombra de Don Juan.* São Paulo: Editora Brasiliense.

Mezan, R. (1995). *A vingança da esfinge.* São Paulo: Brasiliense.

Mezan, R. (2008). *Escrever a clínica.* São Paulo: Casa do Psicólogo.

Mezan, R. (2019a). *Freud, pensador da cultura.* 8ª ed. São Paulo: Blucher.

Mezan, R. (2019b). *O tronco e os ramos.* 2ª ed. São Paulo: Blucher.

Mezan, R. (2020). *Interfaces da psicanálise.* 2ª ed. São Paulo: Blucher.

Nasio, J.-D. (2009). *Meu corpo e suas imagens.* Rio de Janeiro: Zahar.

Nasio, J.-D. (2010). *O silêncio na psicanálise.* Rio de Janeiro: Zahar.

Nasio, J.-D. (2011). *Como agir com um adolescente difícil?* Rio de Janeiro: Zahar.

Rémond, R. (1974). *Introduction à l'histoire de notre temps* (Vol. 3, Le XXe siècle, de 1914 à nos jours). Paris: Seuil.

Roudinesco, E. (1988). *História da psicanálise na França: a Batalha dos Cem Anos* (Vol. 2: 1925-1985). Rio de Janeiro: Jorge Zahar Editor.

Salles, J. M. (2018, abril). Anotações sobre uma pichação. *Piauí, 139*.

Sauverzac, J.-F. (1998). *Itinerario de una psicoanalista*. Buenos Aires: Ediciones de la Flor.

Teperman, D. W. (2005). *Clínica psicanalítica com bebês: uma intervenção a tempo*. São Paulo: Casa do psicólogo.

Teperman, D. W. (2014). *Família, parentalidade e época: um estudo psicanalítico*. São Paulo: Escuta/Fapesp.

Vallim, M. R. (2016). *Françoise Dolto, uma voz na psicanálise* (Dissertação de mestrado). Pontifícia Universidade Católica de São Paulo, São Paulo.

A transmissão de Dolto à cultura: limites e alcance

M. Cristina Kupfer

A doltomania foi um fenômeno de grande envergadura que se desenvolveu na França principalmente a partir das emissões radiofônicas de Françoise Dolto, que foram ao ar durante dois anos, e que perdura, com menor vigor, talvez até os dias de hoje, em que pesem as críticas ácidas de que também foi vítima ao lado da grande repercussão de suas ideias.

Naqueles programas de rádio, Dolto discorria sobre os mais diversos temas em torno do desenvolvimento da criança, de sua relação com os pais, de suas doenças.

Mas o que de fato Dolto transmitiu em seus programas radiofônicos? Olhando além das narrativas, do episódico, dos ditos, ouvindo além das histórias que contou, pode-se perguntar o que ficou, o que calou no imaginário da cultura francesa? E o que, de tudo que contou, sobre tudo que teorizou, diz respeito a ela própria e a seu desejo de transmitir? Não estariam os efeitos por ela causados intrincados com seu desejo de transmitir, ou até mesmo determinados por ele?

A pergunta sobre a implicação do *sujeito* Dolto nas emissões de rádio pode ser necessária para melhor apreciar os fortes efeitos que ela causou na sociedade francesa de sua época. Essa pergunta parte do pressuposto de que, para marcar, sua transmissão não se limitou à transmissão de informações sobre categorias psicanalíticas. Se fosse só isso, outros psicanalistas que fizeram o mesmo também teriam tido o mesmo destino.

No entanto, parece impróprio analisar analistas. Afinal, isso poderia ser pensado como violento ou invasivo. Mas não precisamos nos preocupar com uma possível psicanálise selvagem de Dolto: ela mesma se deu ao trabalho de fazer um relato psicanalítico das raízes psíquicas do sujeito Dolto. Em *O autorretrato de uma psicanalista* (Dolto, 1989), ela afirma serem inclusive necessários esses relatos autobiográficos psicanaliticamente orientados. Ela diz: "Os psicanalistas têm o dever de entregar ou revelar o que puderem revelar sobre si mesmos, ainda que isso venha manchado pelo narcisismo. De um narcisismo, como dizer?, um pouco enganador" (p. 15). De fato, tais autoanálises podem ser um tanto enganadoras – não é possível dizer toda a verdade, por mais que se queira, escreveu Lacan (1985) –, mas a análise do sujeito Dolto parece ser necessária se quisermos ir além dessa dicotomia do tipo ame-a ou deixe-a.

Assim, é ela quem nos conta sobre como surgiu seu desejo de se tornar psicanalista e, pode-se dizer, seu desejo de transmitir aos médicos e pais o que ela havia descoberto sobre as crianças.

O ponto de partida: Dolto, médica de educação

Em uma entrevista a Pivot (Dolto, 2003), em 1987, quando ela tinha 78 anos, Dolto relata um episódio decisivo que viveu aos 8 anos com seu irmão. Tendo presenciado uma briga entre a babá e a cozinheira, o menino vomitou. Chamado o médico, seu irmão foi posto em dieta. Mas Dolto havia compreendido que o vômito era apenas uma reação "emocional", assim classificada com uma palavra da qual aos 8 anos ela não dispunha, mas que mostrava bem a sua capacidade de sintonizar com a dimensão inconsciente, ainda inominável para ela, da vida das crianças. Concluiu, naquela ocasião, que o mais importante teria sido dar novo alimento ao irmão, ao invés de privá-lo de comida, para ajudá-lo a superar o episódio traumático. Disse então que queria tornar-se médica de educação, para impedir que cenas como aquela viessem a se repetir. E definiu, naquela entrevista de 1987, o que seria um médico de educação: "É um médico que sabe que os problemas na educação podem provocar doenças nas crianças, não verdadeiras doenças, mas capazes de causar aborrecimentos para as famílias e complicar a vida das crianças, que poderiam sem isso viver muito mais tranquilas" (Dolto, 2003).

Quando, aos 23 anos, disse a um amigo que sua "profissão" era uma tentativa de curar e também de prevenir, ele lhe disse que ela precisava conhecer a psicanálise.

Em uma coletânea publicada em 1981, ela continuou explicando o que viu naquela cena:

> *Se o doutor tivesse sido esperto, teria perguntado o que havia acontecido com as pessoas que cuidavam do bebê, e então ele teria compreendido por que o bebê vomitara. Mas o doutor nunca perguntava isso. E era, no entanto, simples: a empregada tinha se embebedado, tinha brigado com a cozinheira e o pequeno ficou doente. Eu via todas essas reações em cadeia e essa incompreensão geral das reações somáticas de uma criança me fazia pensar. (Hess, 1981, p. 83)*

Tudo o que desejava, conta Dolto (1986) em seu livro autobiográfico *Infâncias*, "era ser uma pediatra que compreendia a psicologia das crianças" (p. 103).

Nessas declarações da própria Dolto, é possível ler nas entrelinhas um desejo de transmissão: se havia uma "incompreensão geral", iria ser preciso, dali para a frente, transmitir aos pediatras e aos pais conhecimentos sobre a psicologia das crianças, de modo que ambos as tratassem e educassem melhor.

Assim, ela já sabia que precisava ser uma pediatra que compreende a psicologia, mas logo entendeu que também precisava falar, tanto aos pediatras como aos pais, sobre essa psicologia. Seu impulso, que ela buscou explicar em outras ocasiões lançando mão de sua história infantil, estava ali revelado, e seu compromisso já era desde então com a transmissão.

"Foi uma pequena revolução: para o mundo psicanalítico, onde alguns acharam que ela distorcia a psicanálise, e para o grande público, que descobria ao mesmo tempo uma personalidade excepcional e um discurso sobre a educação desconhecido", diz o livreto de apresentação dos três vídeos feitos sobre ela pela Abacaris Films (Mezamat & Coronel, 1994, p. 16).

A médica de educação tem ainda uma outra ressonância que cumpre destacar. A expressão parece sugerir que também a educação precisa ser tratada, medicada, já que tem "problemas". Os médicos precisam tratar da educação doente. Nesse sentido, Dolto estaria sendo o arauto do higienismo, uma prática que já estava instalada na cultura ocidental desde o século XIX. Assim, Dolto estaria concordando, em princípio, com aqueles médicos que se dispuseram a educar as famílias "nefastas" que, segundo eles, não sabiam educar e precisavam ser ensinadas.

Será que a médica de educação carregava os mesmos desígnios de controle político do higienismo? A obra de Dolto faz pensar que não. Dolto estava "afinada" com seu tempo, e sabia da importância da figura do médico na vida das famílias. Mas queria usar esse poder para tornar mais tranquila a vida das crianças, objetivo bem diferente daquele do movimento higienista. Embora a ideia de prevenção esteja presente, ideia esta também cara ao higienismo, ela não estava imbuída das preocupações de "evitação de riscos de doença" que hoje domina o cenário médico.[1]

A emissão de rádio

O trabalho de Dolto como psicanalista seguiu de perto os desígnios que, segundo ela, já estavam presentes desde os 8 anos de idade.

Mas o trabalho de transmissão da psicanálise para o público em geral precisou esperar um tempo mais. Foi só aos 61 anos, em 1969, que ela fez um primeiro ensaio de emissão radiofônica, com o pseudônimo Dr. X, mas esse trabalho não a deixou satisfeita.

Criticada e atacada por muitos psicanalistas de seu tempo, Dolto hesitou antes de aceitar mais uma vez, em 1976, aos 68 anos, o encargo de popularizar a psicanálise de crianças. Mas por que não, refletia ela no prefácio de *Quando surge uma criança* (1977), responder ao pedido de ajuda dos pais, para "desdramatizar" situações em que ambos os lados se encontravam paralisados? Não seria possível, pensava ela, "desculpabilizar" uns e outros, a fim de despertar os poderes da reflexão? E, finalmente, embora soubesse

---

1 Este trecho sobre o higienismo também pode ser encontrado em Kupfer (2006).

que iria dar o que falar, perguntava a si mesma se essa seria uma razão para não tentar.

Foi mais forte que ela, pode-se dizer assim. Ela "precisava" transmitir.

Entre os anos de 1976 e 1978, os programas iam ao ar de segunda a sexta na rádio France Inter e tinham uma duração de quinze minutos cada. Ali, ao responder a cartas de pais, conheceu um enorme sucesso. Em entrevista à revista *L'Express*, Catherine Dolto, sua filha, relata: "Eu lia todas as cartas, resumia as mais longas e marcava com um marcador de texto as passagens mais importantes. Depois fazia uma pasta por dia reunindo três ou quatro cartas sobre o mesmo assunto" (Payot, 2017).

Todas as sextas feiras à tarde, Pradel (que dialogava com ela no programa) ia com um técnico à rua Saint Jacques, onde Dolto morava em Paris, para gravar os programas da semana seguinte. "Eu a revejo", conta Pradel, "em sua poltrona roxa. Eu a chamava de Miss Marple da psicanálise. Rapidamente, centenas de cartas começaram a chegar" (Payot, 2017).

Os pais perguntavam coisas como:

- Devemos acreditar em uma criança quando ela diz que quer se matar?
- Precisamos trancar os fósforos?
- Há algum truque para melhorar a qualidade do sono de uma criança?
- Uma palavra ouvida na infância pode decidir o curso de uma vida inteira?

Essas eram as perguntas, mas Dolto pretendia, objetivamente, a partir de suas respostas, transmitir alguns princípios nos quais acreditava. Eles podem ser extraídos dos vídeos e dos textos que os acompanham.

Queria dizer, por meio de suas respostas, que uma criança deve ser considerada como única, o que implica escutá-la com atenção, já que seu desejo também será único. Assim, é também necessário respeitar o desejo de uma criança, o que não significa atender a todos eles. Respeitar é levá-lo a sério e dar à criança o direito de desejar, ainda que ele não venha a ser cumprido. Essa escuta atenta e a sustentação psíquica que decorre dela são a base, segundo ela, da autonomia que a criança virá a conquistar.

Sempre recomendava, em suas respostas, que a verdade precisava ser dita. Para ela, o que não foi enunciado ganhou valor traumático justamente porque não foi enunciado. Em sentido inverso, a verdade não é traumatizante.

Mas já em seu tempo Dolto ouviu críticas acerbas vindas de alguns psicanalistas. Muitos supunham que transmitir a psicanálise fora da clínica psicanalítica implicaria um desvio de seus fins e sua consequente distorção.

As críticas dos colegas psicanalistas não foram nada perto do que se ouve dizer hoje sobre a doltomania.

Efeitos dos programas de rádio: ataques atuais

Em 2008, quando já se havia passado vinte anos da morte de Dolto, Didier Pleux escreveu *A geração Dolto* (Pleux, 2008). Para ele, podem ser contabilizados efeitos perversos da doltomania, que teria levado muitos pais a criar seus filhos na ausência de frustração e produzindo uma hipertrofia do eu. Catherine Dolto (Payot, 2017) reage com vigor a essas afirmações: "Françoise nunca disse que a criança deveria estar no centro; ao contrário, deveria ser periférica em relação ao casal de pais. Ela está servindo de bode expiatório para os que sustentam o movimento antipsicanalítico, o que é odioso".

Às críticas de Pleux pode-se ainda objetar que Dolto não estava dizendo nada diferente do que já dissera Freud cem anos antes, em 1908, na análise da fobia de um menino de 5 anos (Freud, 1908/1973). No posfácio daquele texto, Freud observa que os adultos de sua época costumavam "abafar com gritos" as manifestações psíquicas das crianças, o que poderia levá-las mais tarde à neurose adulta. "As fobias das crianças são dominadas por gritos e repreensões na creche . . . Quando depois empreendemos o tratamento dos adultos, verificamos sempre que sua angústia se enlaça àquela angústia infantil, que é uma continuação desta . . ." (p. 1437).

Naquele mesmo momento em que Dolto fazia essas observações sobre seu irmão, e era ainda muito pequena para ler Freud, já circulava essa nova perspectiva freudiana em que dar a palavra à criança poderia ser, em alguma medida, profilático das neuroses. Se Dolto foi atacada por hipertrofiar o ego de uma criança, também Freud sofreu a mesma crítica.

Por que então esses ataques, ainda que tardios, contra a doltomania? Catherine Dolto parece já ter ido ao ponto quando nos lembra que a psicanálise hoje tem contra si um poderoso movimento, que se apoia em seu assim chamado anticientificismo, movimento, porém, de matizes muito mais políticos que científicos. Dolto, uma psicanalista que se sobressaiu no cenário da vida cotidiana, seria então um alvo fácil.

Mas pode haver mais razões para esses ataques: desde o tempo de Freud, parece haver uma resistência ao que é dito sobre a vida psíquica das crianças. Os adultos nada querem saber sobre isso. E se um psicanalista insiste em pôr o dedo nessa ferida, apontando resistências, já sabemos o que acontece, seja na cena clínica, seja fora dela: as resistências aumentam.

As críticas à doltomania de Guy Baret

Em *Alô, mamãe, Dolto: pare a doltomania!* (Baret, 1992), as críticas parecem ainda mais incisivas e mordazes. Baret não é um autor conhecido, mas ele parece ter reunido em seu livro todos os ruídos, boatos, críticas e ataques em circulação em torno da doltomania, o que nos dá uma chance de recolher e examinar alguns deles, não deixando, porém, de procurar um contraponto em defesa de Dolto.

1. "Tudo estava já na cena com o irmão pequeno. . . . Ela nunca leu Freud, e toda a sua prática já estava lá. Desde então, nunca disse nada diferente" (pp. 57-58).

Não vamos nos deter na afirmação de que Dolto nunca leu Freud, já que Baret desconhece largamente sua biografia. Quanto à insistência no episódio com o irmão, temos de concordar. Mas é exatamente isso que precisa ser valorizado: o episódio mostra, como já se disse aqui, o compromisso com seu desejo inconsciente! Será que tão grande coerência na trajetória de uma vida tem de ser combatida?

2. Dolto inverteu as coisas: antes, era só o corpo. Agora, só o psíquico é levado em conta.

Baret diz não negar a influência do psiquismo sobre o corpo. "Já sabíamos disso antes de Freud", ele observa, fazendo coro aos que buscam de uma ou de outra maneira desqualificar Freud, aqui reduzindo sua obra a esse truísmo. Mas afirma em seguida que "o movimento engendrado por Dolto chega no inverso: passa-se logo de partida ao psíquico, sem uma investigação médica inicial. As otites de repetição são *a priori* uma recusa de ouvir; um vômito, uma recusa de algo ou de alguém; um andar tardio, o medo de ir em direção ao mundo". E ele conclui: "Hoje, o risco não é mais o de negligenciar o psíquico. É ver somente ele. Eis o perigo da doltomania" (p. 61).

Essas são críticas de um autor bastante desavisado da psicanálise. Provavelmente, nunca soube o que disse Freud sobre um charuto poder ser apenas um charuto. Mas o problema é que essa suposta redução ao psíquico pode estar sendo atualmente uma acusação à psicanálise de modo geral, e não apenas àquela que Dolto transmitiu. Pior que isso: não é verdade que hoje há uma redução ao psíquico; é bem o contrário que está em curso. Estamos assistindo à morte do sujeito e à predominância quase absoluta da dimensão do orgânico, estando praticamente desaparecida a dimensão do psíquico!

3. Dolto culpou os pais.

Para Baret, Dolto não pretendia culpar os pais, mas foi isso que, segundo ele, acabou ocorrendo.

Ao estabelecer uma relação entre tudo que ocorre na infância e suas marcas futuras, é como se Dolto tivesse dito: "pais, cuidado! Uma falsa manobra aqui se pagará caro mais tarde!", segundo Baret. E acrescenta: "é angustiante" (p. 63).

> *Não se pode jamais ter tudo bem-feito e, no entanto, é preciso tudo fazer, e tudo recomeçar a cada nascimento. São os trabalhos de Hércules revistos por Sísifo.*

> *Nessas condições, é melhor nem pensar em uma família numerosa!... Não sei se Françoise Dolto libertou as crianças, mas sei que ela alienou seus pais. Sem saber disso, talvez; sem querer, certamente. (p. 63)*

Não sabemos de fato os efeitos que causam nossas palavras sobre quem as escuta. O ouvinte interpreta o que ouve segundo suas fantasias, vividos, transferências, e mal-entendidos ocorrem por causa da especial posição subjetiva em que se encontra o ouvinte. Mas, nesses casos, a responsabilidade pelos efeitos provocados deveria então ser atribuída a quem escuta as palavras, e não a quem as profere.

Assim, também a crítica de Baret sobre as respostas de Dolto serem "*pret-à-porter* e não sob medida" não procede. É verdade que as respostas eram dirigidas a pessoas que Dolto não conhecia, e elas eram ainda feitas em bloco, para uso de todos, sem dirigi-las diretamente a uma pessoa. Mas sabemos que ela conseguiu atingir, mais de uma vez, uma determinada pessoa, modificando a posição subjetiva da ouvinte.

Dolto produzia efeitos analíticos graças à transferência que estava instalada entre ela e cada um de seus ouvintes. Dolto relata que, certa vez, conseguiu produzir em uma mãe um *insight* importante, uma recordação de infância que veio à tona depois de ter ouvido a resposta de Dolto à sua carta. Quando soube disso, Dolto observou: "Madame, a senhora fez uma psicanálise" (Coronel, Mezamat & Knauff, 1994). Nesses casos, era também a responsabilidade do ouvinte que estava em jogo, e era dele a decisão de se deixar afetar pela fala de Dolto, permitindo que uma palavra o transformasse. É, como diz Miller (2019), o consentimento do sujeito que faz uma análise caminhar.

A figura de Dolto

Há um ponto sobre o qual fãs e críticos concordam: o melhor de Dolto é ela mesma. E seu modo de ser, de trabalhar e de interpretar é intransmissível.

Os praticantes que buscaram iniciar-se em seu modo de clinicar ficaram, é sabido, decepcionados com essa impossibilidade. Em que pesem os esforços de Dolto para supervisionar, escrever, teorizar e transmitir o que ela aprendeu na prática psicanalítica com crianças, parece não ter sido possível daí extrair um método, um modelo, uma técnica ou mesmo grandes norteamentos de trabalho que pudessem ser chamados de doltonianos. Ela sempre foi e sempre será "inimitável".

Será então que Dolto falhou em seu desejo de transmitir? Ou teria ela transmitido outra coisa? Para responder a essa pergunta, talvez tenhamos de refletir sobre o que foi, para ela, a experiência dos programas de rádio, fazendo uma especulação baseada no saber acumulado pela psicanálise sobre o desejo que põe um sujeito para trabalhar, quer na análise, quer na vida.

Nos programas de rádio, o jogo instalado era o de uma voz que fala e de milhares de ouvidos que escutam. Ora, em uma análise a fala é principalmente a do analisante, e cabe ao analista principalmente escutar. Assim, Dolto falava (*a partir das falas dos pais?*) e milhares escutavam. Isso nos remete ao que disse uma vez Roland Barthes (2004) a propósito da transferência entre um professor e seus alunos. Para ele, quando um professor abre a boca e seus alunos o ouvem, deve-se falar de transferência do professor para o aluno e não o contrário. Ao falar, o professor estaria então em posição semelhante à do analisante.

Então, ali estava Dolto fazendo sua psicanálise. Os programas de rádio tinham importância também para o sujeito Dolto. O que estava sendo *dito* – orientações, teorias etc. – podia não ser talvez o alvo final das emissões, nem para os ouvintes, nem para Dolto. É claro que as palavras de Dolto repercutiam vigorosamente nas pessoas que perguntavam, mas os efeitos sobre Dolto também deviam ser enormes.

Trata-se então de ouvir o *dizer* por trás do *dito*. Lacan fez uma distinção entre dito e dizer. O dito está no enunciado, no que é proferido cotidianamente, cognitivamente, com a intenção de indicar objetivamente uma ideia. Mas no dizer está a verdade de um sujeito, sendo, portanto, do registro da enunciação. Em "O aturdito", Lacan (2001) afirma que o dizer está sempre por trás do dito, e fica ali esquecido. Por isso, em uma análise, trata-se de buscar esse dizer, que marca o lugar em que se encontra o enunciante em relação ao enunciado. Assim, por causa do dizer ali embutido, as palavras de Dolto, ou seus enunciados, tinham o poder de imprimir marcas significativas em quem as escutou.

Em que lugar se encontrava o sujeito Dolto perante os enunciados proferidos nas emissões? Não sabemos, mas é possivel pensar que, ao falar diante de uma audiência/analista, Dolto, no registro de seu dizer, *testemunhou seu estilo de negar a falta no Outro.*

O recalque é, por exemplo, um modo, um estilo de que lança mão um sujeito para nada querer saber sobre a falta no Outro, sobre o que o impede de ter acesso à verdade de seu desejo, um modo de afastá-lo da realidade da castração.

Um sujeito sempre terá um estilo próprio de se haver com o que falta no Outro, não se restringindo apenas aos três mecanismos de defesa que presidem à neurose, à psicose ou à perversão.[2] Um estilo, um modo próprio de negar a falta no Outro pode ser...

2 Essa ideia encontra-se desenvolvida em Kupfer (1992).

um trabalho como médica de educação. Pode ser uma transmissão difundida pelo rádio.

Ao falar no rádio, era como se ela dissesse, em seu dizer: vir aqui foi um dos modos – um estilo próprio a mim – que eu descobri para me haver com a falta que tive de enfrentar em minha mãe, na educação de meu tempo, na medicina de meu tempo. Ao acreditar no que faço, nego que essa falta na educação jamais será corrigida. Em outras palavras: acredito que ela poderá ser corrigida, ainda que meu saber inconsciente diga o contrário. Poderia também estar dizendo: o que faltou à minha mãe foi a sua capacidade de compreender a mim e a meus irmãos. Se ela não pôde ser educada nos preceitos de uma educação psicanalítica – isso lhe faltou –, então isso não faltará ao restante das mães do mundo.

Ao testemunhar uma prática orientada pela psicanálise, mostrou a seu público o que pode ser uma transmissão orientada pelo desejo e por um estilo próprio. Só assim uma transmissão faz marcas, e foi o que aconteceu: talvez seus ouvintes nem se lembrem do que ela dizia, mas lembram-se sobretudo dela, de Dolto.

Seu saber não se transmite, e sim seu estilo. É seu testemunho como sujeito do desejo que Dolto transmitiu. Como em tudo que fazemos orientados por nosso desejo inconsciente.

Referências

Baret, G. (1992). *Allô, maman, Dolto: Halte à la Doltomania!* Paris: Régine Desforges.

Barthes, R. (2004). *Rumor da língua*. São Paulo: Martins Fontes.

Coronel, E., Mezamat, A. (Diretores), & Knauff, T. (Produtor). (1994). *Tu as choisi de naître* [Filme]. Paris: Abacaris Films.

Dolto, F. (1977). *Lorsque l'enfant paraît* (Vol. I). Paris: Seuil.

Dolto, F. (1986). *Enfances*. Paris: Seuil.

Dolto, F. (1989). *Autoportrait d'une psychanalyste*. Paris: Seuil.

Dolto, F. (2003). *Les grands entretiens de Bernard Pivot: Françoise Dolto* (Direção de Nicolas Ribowsky; Produção INA) [DVD]. Paris: Gallimard.

Freud, S. (1908/1973). Analisis de la fobia de um niño de cinco años. In S. Freud, *Obras completas* (3a ed., Tomo II, pp. 1365-1440). Madrid: Biblioteca Nueva.

Hess, A. (1981). *Les analystes parlent*. Paris: Belfond.

Kupfer, M. C. M. (1992). Problemas de aprendizagem ou estilos cognitivos? Um ponto de vista da psicanálise. In E. Rubinstein, *Psicopedagogia: uma prática, diferentes estilos*. São Paulo: Casa do Psicólogo.

Kupfer, M. C. M. (2006). Françoise Dolto, uma médica de educação. *Revista Mal-Estar e Subjetividade*, *6*(2).

Lacan, J. (1985). *O seminário: Livro 20 – Mais, ainda*. Rio de Janeiro: Zahar.

Lacan, J. (2001). L'étourdit. In J. Lacan, *Autres écrits* (pp. 449-496). Paris: Seuil.

Mezamat, A, & Coronel, E. (1994). *Françoise Dolto* (Livret. Trois films). Paris: Gallimard.

Miller, J.-A. (2019). *Causa y consentimiento*. Buenos Aires: Paidós.

Payot, M. (2017). L'année 1977, lorsque Dolto paraît. *L'Express*. Recuperado de: https://www.lexpress.fr/culture/l-annee-1977-lorsque-dolto-parait_1927259.html.

Pleux, D. (2008). *Génération Dolto*. Paris: Odile Jacob.

A ética das tarefas impossíveis e o devido tensionamento das "palavras verdadeiras"

Luciana Pires

> *Uma parte de mim*
> *almoça e janta:*
> *outra parte*
> *se espanta.*
>
> Ferreira Gullar (1980)

> *Terei que criar sobre a vida. E sem mentir. Criar sim, mentir não. Criar não é imaginação, é correr o grande risco de se ter a realidade.*
>
> Clarice Lispector (2018)

> *Existe uma diferença entre palavras que podemos digerir e palavras que podemos apenas copiar, uma diferença entre poesia e* slogans. *Para sermos pais ou professores (ou psicanalistas), e não meramente autocratas ou intimidadores, nós precisamos distinguir entre vocabulários que devem ser imitados – que se oferecem como fetiches, ou para identificação . . . – e vocabulários que convidam à transformação.*
>
> Adam Phillips (1998)

Convidamos o leitor a refletir sobre o estatuto da verdade na psicanálise e no encontro humano, mais especificamente a partir de como este debate se apresenta na obra e na clínica da psicanalista Françoise Dolto. Esse é um tema que me atravessa há tempos, desde meu interesse pelos filmes de Eduardo Coutinho (2002, 2007) até minha leitura do caso do Pequeno Hans na tese de doutoramento. Com Coutinho aprendi sobre o valor dos mentirosos verdadeiros e sobre a verdade do encontro, com Hans aprendi sobre a dificuldade de se atribuir verdade à fala de uma criança, assim como à de um doente, ou mesmo um paciente (Pires, 2008, 2013).

No texto freudiano inaugural da psicanálise com crianças, "Análise de uma fobia em um menino de cinco anos" (Freud, 1909/1990), a questão da verdade é apresentada. Com efeito, dar voz às crianças passa necessariamente por lhes conceder um lugar de verdade, o que é em si um ato de justiça, na medida em que ampliador da igualdade de direitos. Acompanhemos no texto referido três recortes do diálogo entre pai e filho, tal qual reportado em carta do pai ao mestre Freud.

> *I*
>
> *Hans: "Sabia sim. Pode escrever isso. Eu me lembro muito bem. Por que você está rindo?"*
>
> *Eu [o pai de Hans]: "Porque você é um impostor; porque você sabe muito bem que só esteve em Gmunden uma vez." (p. 73)*
>
> *II*
>
> *Hans: "O que eu te disse não é nem um pouco verdade."*
>
> *Eu [o pai]: "Até que ponto isso é verdade?"*

> *Hans: "Nada disso é verdade; eu só contei isso para me divertir." (p. 77)*
>
> *III*
>
> *Ele [Hans]: ". . . Eu ouvi dizer – ou não ouvi? – ou eu disse errado?"*
>
> *Eu [o pai]: "O que significa 'dizer errado'?"*
>
> *Ele [Hans]: "O que não é verdade."*
>
> *Eu [o pai]: "Tudo que a gente diz é um pouco verdade." (p. 81)*

Nessa sequência de diálogos entre Hans e seu pai (tendo Freud como testemunha), importa-nos ressaltar o que é dado a ver da resistência (do adulto em um primeiro momento, e da própria criança depois) em reconhecer na criança um sujeito de direito, sustentador de sua própria história. Percebemos um deslize de posição entre o pai e a criança do primeiro ao terceiro extrato. Se no primeiro é o pai quem duvida da veracidade das falas veementes do filho, no terceiro é o filho quem duvida de si mesmo, enquanto o pai se esforça por (re)conceder alguma dignidade à fala deste. A relação adulto-criança passa pelo enfrentamento de lugares de diferença; e, na progressão do diálogo mostrado, assistimos a uma queda de braços com o adultocentrismo (Pires, 2013).

Ao se dispor a escutar o que se emudecia na cultura – o inconsciente, as mulheres (histéricas) e as crianças –, o advento da psicanálise amplia em cada um de nós os lugares de possibilidade humana. No primeiro dos diálogos retratados, Hans aparece animado, ciente do lugar de importância que lhe é atribuído pela investigação do infantil à qual seu pai se dedica junto a seu mestre. Seus dizeres passarão a povoar o mundo do conhecimento adulto:

isso *per se* já é digno de entusiasmo. Em consonância, lembro aqui da psicanalista francesa Florence Guignard (1997), que diz que a psicanálise com crianças inicia quando convidamos a criança para entrar na sala de atendimento e fechamos a porta, deixando o adulto para trás na sala de espera. É a criança que queremos escutar e, nessa medida, é a ela que conferimos o lugar de portadora da fala que importa. Este giro em si guarda a força do ato analítico por excelência.

A psicanálise com crianças atribui peso de valor às fabulações infantis. E se, com o evoluir do diálogo com Hans, assistimos ao processo de formação psicanalítica de seu pai, que nos brinda, por fim, com a frase "tudo que a gente diz é um pouco verdade", do lado do filho, assistimos a uma deformação: ele, que sentia que finalmente teria lugar de inscrição no interesse adulto, se desaponta com a receptividade paterna e põe em dúvida seu valor fabulador. (Talvez aí resida o germe de sua fobia instalada como sintoma, já que suas fabulações não encontram caminho elaborativo na escuta dos pais – mas este é assunto para outro texto.)

Sensível para o desenrolar do descrédito de Hans e de tantas outras crianças, Dolto advoga a favor de falarmos palavras justas ("*les juste mots*") ou palavras verdadeiras para as crianças. Digam a elas que foram adotadas, que pensaram em abortá-las, que gostam mais dos seus irmãos do que delas: são inúmeros os exemplos de intervenções como essas espalhadas por sua obra. Ao levar as crianças a sério e revelar-lhes os fatos que as atravessaram e que compreenderam ao seu modo, autorizamos e legitimamos seu esforço simbólico. Pois, diante de uma criança, vemos frequentemente (até hoje) adotarem-se duas posturas, ambas desqualificadoras de seu lugar de interlocução ou escuta: ou nada se diz para poupá-las, elas que se supõe (e aí está a violência) que não têm aparato para processar os horrores do mundo e, portanto, devem ser mantidas numa redoma cor-de-rosa; ou tudo se diz porque elas nada compreendem mesmo, ou seja, tudo se diz para um outro em sua presença suposta ausência, ignorando seus ouvidos que escutam e compreendem. Deve-se falar às crianças e apostar em seu aparato simbólico, mesmo antes de serem capazes de falar a língua corrente: esta foi a aposta e a luta de Dolto. Reencontramos, assim, o tema da verdade em sua obra. Em vários de seus livros, lê-se a afirmação de que "devemos falar a verdade à criança". Problematizaremos o conceito de verdade em sua obra, articulando-o ao revolucionário conceito freudiano de construções em análise e ao estatuto da verdade na contemporaneidade.

Dolto orienta pais e educadores a proferirem palavras justas ou palavras verdadeiras às crianças. Mas o que são as palavras verdadeiras?[1] Qual a verdade que elas carregam? Desde minha fala de abertura no evento que deu origem a este livro, em 2018, ando intrigada com essa questão. Embora minha leitura (particular) de sua obra evidencie a sustentação ética de uma analista "castrada" (em seus próprios termos), cujo bom trabalho se dá na afirmação de reconhecer haver um sentido no gesto do paciente que, no entanto, desconhece, é certo que sua obra dá margem a outros entendimentos, e é nas proximidades desse quiproquó que pretendo me alongar (Pires, 2020).

É espantoso o efeito que algumas de suas intervenções têm sobre pacientes desesperançados de progresso, efeito este muitas vezes testemunhado por seu grupo de alunos e supervisionandos. Assim é que, no consultório da Rue Cujas, Dolto se agacha no chão e diz palavras que retiram a paciente Aicha, de 4 anos, de seu estado de desespero, no qual por meses a fio só fazia bater a cabeça contra o chão e chorar em alto tom (Nasio, 2001). Como será

1 Uma interessante discussão correlata sobre o verdadeiro *self* de Winnicott poderia se juntar a esta sobre as palavras verdadeiras de Dolto.

que a "bruxa" Dolto sabia o que devia dizer para Aicha e tantos outros? Como tinha acesso à "verdade" que devia ser veiculada? Sustento a ideia de que apostar na possibilidade de esses pacientes estarem dizendo algo com seus comportamentos esdrúxulos e supostamente desadaptados é o que promove o giro humanizante da intervenção – e não uma espécie de deciframento do hieroglifo particular do paciente. Ou seja, supor a verdade da criança, do louco, do autista, do deficiente é que era sua força, não necessariamente compreender essa verdade.

Isso que discorremos se aproxima do conceito de ilusão antecipatória (Laznik, 1997): a mãe não sabe o que o bebê diz com seu choro, mas supõe que ele diz e é isso que faz efeito. Com efeito, supor que diz não é apenas aproximar-se e responder qualquer coisa, é preciso esforçar-se, angustiar-se diante do não saber e do sofrimento do outro, fazer-se caixa de ressonância dos traços expressivos do outro (sejam verbais, sonoros, corporais ou gestuais) e tentar encontrar de forma tateante as palavras, sonoridades e corporeidades que mais proximamente se alinhem ao que do outro emana. Ou seja, é preciso supor e abrir-se à verdade da criança, à verdade do outro.

Entendo que Dolto é impressionante não porque ela muito sabe, mas, pelo contrário, porque atua com firmeza na área do não saber, justamente por saber que do assombro e da ignorância não se escapa. Acho importante firmar esse crivo diferencial de onde parte minha leitura da obra dessa psicanalista. Entre minhas frases favoritas da autora está: é preciso escutar os pacientes e escutar não é o mesmo que compreender; muitos eu curei sem nada entender. *Escutar o incompreensível*: parece que é isso que move a clínica de Dolto – sem que o incompreensível deixe de o ser por ser escutado. Quantas e quantas vezes flagrei em seus textos ela dizendo, voltada para seu paciente, ou mesmo para o grupo de terapeutas que a acompanhavam: eu sei que o que você faz tem algum sentido, mas não consigo entender.

Esse giro é um alerta que vale para a leitura da obra da Dolto, mas vale também para a leitura clínica de toda a psicanálise. Venho frisar o grande passo que demos quando, ainda com Freud, passamos do desvelamento "sherlockiano"[2] da cena traumática para as construções em análise enquanto paradigma do trabalho clínico. Mas como se caracterizam as construções válidas em análise?

Como dizia Adam Phillips (1993): "É possível pôr em questão a ideia global do que significa compreender – como faz a psicanálise – sem menosprezar o desejo de inteligibilidade, o desejo de encontrar histórias para tudo que for inconveniente" (p. 21). E é equilibrando-se entre esses dois polos (a incompreensibilidade, de um lado, e a figurabilidade, de outro) que as construções em análise são tecidas e o acontecimento clínico se dá.

Uma vez, Dolto atendeu um menino adotivo que tinha um comportamento psicótico e muita dificuldade de escolarização. Como era do feitio de seu *setting*, pediu que esse menino desenhasse, e observou que em todos os seus desenhos figurava algo como o traçado da letra A. Resolveu indagar seus pais adotivos sobre esse fato e eles lhe revelaram que seu primeiro nome, antes da adoção, era Armand, tendo sido renomeado após a adoção. A psicanalista entendeu que algo da experiência do menino prévia à adoção ficara atrelado a seu nome original e que de algum modo se perdera na ruptura que a adoção implicara. Era como se sua experiência de si, experiência esta que, para Dolto, é sempre uma experiência corpórea, tivesse se perdido na passagem de um nome/habitação a outros. E o menino seguia, assim, perdido de si mesmo. A analista

2 Aqui não estou sendo justa com Sherlock Holmes e seu modo criativo, independente e misterioso de deslindar os crimes. Recorro a ele alegoricamente apenas.

então decide em sessão chamá-lo pelo nome original. "Armand, Armand", ela diz, de um modo peculiar, olhando para os quatro pontos cardeais, como se falasse com o ar, até que os olhos do menino foram capturados por ela e Dolto, olhando-lhe nos olhos, o chamou de "Armand" e explicou que este era seu nome quando era bebê no abrigo. Trago aqui a descrição vivaz que ela própria traz deste fato clínico:

> *É então – e este fato revela a importância da imagem inconsciente do corpo do analista, já que a sequência não foi nem mesmo raciocinada por mim mesma – após um momento de espera silenciosa, durante a qual a criança estava ocupada em desenhar ou modelar, e eu, em refletir, que me ocorre a ideia de chamá-lo como se eu estivesse fora da cena, sem olhá-lo, ou seja, não me dirigindo à sua pessoa ali presente por seu corpo ali colocado diante de mim, mas com uma voz alta, de tom e intensidade diferentes, minha cabeça virando em direção a todos os pontos cardeais, para o teto, sob a mesa, como se eu chamasse alguém no espaço, sem saber onde está: "Armand...! Armand...! Armand...!". As testemunhas presentes à minha consulta [no hospital Trousseau, porque Dolto tinha o costume de atender na presença de alunos e supervisionandos] veem a criança me ouvir aguçando o ouvido na direção de todos os cantos da sala. Sem me olhar, tanto quanto eu não o olhava. Eu mimifico a busca de um "Armand", e chega o momento em que os olhos da criança encontram meu olhar e eu lhe digo: "Armand era teu nome quando você foi adotado". (Dolto, 2007, p. 36)*

Consequentemente, é observada uma grande melhora no menino. Intrigada, Dolto destaca o modo particular como se deu seu ato analítico, ao mesmo tempo lúdico e teatral: convoca Armand como se estivesse disperso e espalhado no ambiente, como acreditava que o bebê que ele fora ouvia seu nome ser chamado no abrigo, em uma sonoridade que o envolvia.

São muitos os termos teóricos da metapsicologia doltoniana que foram aprendidos com seus pacientes: "mamãezar" e "o que dói melhor" são apenas alguns exemplos. Entendemos que este modo de tecer a teoria está em consonância com sua ética clínica.[3] Quando afirma que, no tratamento, não compete ao psicanalista compreender, mas sim saber escutar, entendo que Dolto aponta esta qualidade receptiva às alteridades de seus pacientes, fazendo-se habitar pelos saberes desses. E é a isso que assistimos no atendimento de Armand, no qual o gesto analítico é a expressão da comunicação que se deu de inconsciente para inconsciente (Freud, 1912/1990, 1915/1990), ou, nas palavras da psicanalista, de imagem inconsciente do corpo para imagem inconsciente do corpo.

Em suas conversas de rádio, uma das palavras mais proferidas por Dolto (2008) é "desdramatizar". Diante das falas prenhes de preocupação dos pais, sugere que eles desdramatizem a cena. Entendo que esse seu conselho coincide com a proposição ética freudiana da atenção flutuante. Ao desdramatizar, o adulto retira da cena uma porção de afeto que lhe diz respeito (seja pela extensão narcísica própria à parentalidade, seja pela projeção e pela idealização que o terreno do infantil propicia em nossa cultura),

---

3 Em live no canal do YouTube *Errâncias*, em janeiro de 2022, o psicanalista e tradutor Paulo Sérgio de Souza Junior afirma que Freud (também) tecia seus conceitos metapsicológicos embebidos nos termos que ouvira de seus próprios pacientes; e lamenta como esse fato se perde em muitas das traduções que foram feitas de seu texto, já que atribuem tom mais erudito e menos coloquial a suas nomeações.

esforçando-se por (re)ver a cena a partir do prisma da criança e de sua compreensão de mundo. É assim que a psicanalista propõe, por exemplo, que recalculemos a importância de um tapa ou um empurrão para uma criança pequena, entendendo que a moral que as rege por vezes é distante da moral adulta. Crianças que não falam e que ainda não exercitaram aproximações e distanciamentos com o outro de modo suficiente podem ter a trombada e o tapa como um modo de relação.

É porque sabe que nada sabe que Dolto se põe em liberdade para fazer as afirmativas mais peremptórias e libertadoras do campo de escuta daquela criança. Tanto em suas falas de rádio direcionadas a pais quanto em suas supervisões direcionadas a outros psicanalistas, a posição de Dolto é sempre a de desconstruir as verdades prévias e ampliar o campo de escuta daquele que a procura, no afã de ajudar as crianças. Ela se instala plenamente na condição de tarefa impossível que Freud (1937/1990b) atribuiu ao educar e ao psicanalisar, fazendo desse seu território: o do médico da educação, como ela cunhou em tenra idade (Dolto, 1990).

Gostaríamos de estabelecer uma distinção entre construções em análise e *fake news*. Essa distinção parece óbvia, mas não é tão simples assim de formular. O texto de Dolto de 1961, sobre a introdução da televisão na sala familiar, ajuda-nos a iluminar um ponto certeiro: o que diferencia essas duas formas de construções é a bússola que as orienta, ou seja, pelo que se guiam as montagens dessas narrativas. Nas construções em análise (e aqui tratamos daquelas das quais a obra de Dolto nos dá testemunho), o que orienta a narrativa do analista é sua escuta, sua abertura para a alteridade do paciente, no esforço de comunicação, aproximação e tradução.[4] Assim, num ato essencialmente poético, o analista se põe sensível

4 Ou transcriação, como defendi no livro *Do silêncio ao eco* (Pires, 2007).

ao que, em última essência, ele não compreende nem nunca compreenderá (pois é esta a natureza irredutível da alteridade) e traduz essa incompreensibilidade em palavras e/ou gestos.

Já as *fake news*, ou mesmo a fala da televisão, tal qual apontada por Dolto em seu texto de 1961, se orientam pelos declarados propósitos de propaganda, ibope e convencimento. Vejamos como essa faceta do contemporâneo – profusão de narrativas marcadas pelo apelo propagandístico – se apresenta na notícia a seguir. Proponho que analisemos uma notícia que saiu na *Folha de S.Paulo* no fim de maio de 2018, com o título de "Ilustrações levam pais de adoção tardia a 'ter' infância com os filhos". Conta a notícia que, com a ajuda de artistas plásticos, uma agência de propaganda, em parceria com uma marca de produtos infantis, produziu álbuns que foram oferecidos a pais adotivos e seus filhos: lindos retratos dos encontros que não tiveram, mas desejariam ter tido, encontros do começo da vida da criança, antes mesmo da adoção! "Eternizar os momentos de vida é algo que todos merecem ter inclusive os pais adotivos tardios", preconiza a campanha. Temos então desenhos-fotos do nascimento dessas crianças, da participação como daminha do casamento dos pais, até da troca de fraldas, dos primeiros passos, tudo em companhia dos pais que as adotaram anos depois. A matéria infere uma suposta ação terapêutica da campanha, pois esses pais que adotaram seus filhos já mais velhos se ressentiam por não terem vivido os primeiros momentos de vida com eles – uma mãe, por exemplo, relata o constrangimento toda vez que a escola pergunta como sua filha foi quando bebê (Marques, 2018).

Salta aos olhos o contraste entre o ato analítico de Dolto com Armand e a estratégia dos álbuns *fake* da agência de propaganda, contraste entre o encontro com a psicanalista que (re)construiu e apresentou a Armand seu *self* pré-adoção, a partir da nomeação e da encenação da ambiência primária, e a oferta de um álbum *fake* às famílias e crianças adotadas. Que história esses álbuns entregam? E o que essas histórias que eles entregam falam de nosso tempo contemporâneo?

Notemos que não se trata de um esforço imaginativo de se viver o que não se viveu, mas de uma espécie de implante de realidade (*à la Blade Runner*). Digo isso lembrando da recomendação de Dolto de que possibilitemos que pessoas deficientes físicas, por exemplo, imaginem o que fariam se não estivessem debilitadas. Assim, podemos nos entregar a uma conversa com um paraplégico sobre como seria correr e chutar a bola com as próprias pernas. Nessa proposição, não se trata da negação de sua condição faltante, mas, pelo contrário, de que possamos ir além dela, não ficando estagnados num silenciamento de comiseração. A psicanalista atentava para como, movidos por nosso narcisismo, privamos imaginária e simbolicamente aqueles que já estão privados no real. Percebam como, numa torção de mirada, num piscar de olhos, por assim dizer, ou num passe de mágica, essas três ações podem se assemelhar: o ato analítico de Dolto com Armand, a construção do álbum de fotos *fake* e a imaginarização de uma vida paralela a nossas limitações reais. Importa-nos aqui, contudo, delimitar com clareza suas diferenças.

O supracitado artigo de Dolto, intitulado "Situação atual da família", nos ajuda a pensar sobre a qualidade dessas histórias que os álbuns dessa campanha noticiada oferecem e a qualidade de muitas das histórias que produzimos na contemporaneidade. Nesse artigo, que escreveu em 1961, ela reflete sobre o efeito da entrada da televisão na sala de estar das famílias francesas. Entende que a televisão substituiu a conversa familiar e, assim, as crianças passaram a receber histórias e modelos identitários não mais da tia, do tio, da avó, que falavam na sala, mas dos atores da TV guiados pelo desejo de ter audiência. No lugar da tia, Brigitte Bardot; no lugar da novela familiar, o ibope (Dolto, 1961/2007).

Tão ou mais premonitório que esse artigo de Dolto é o conto "A aventura de um fotógrafo", escrito por Italo Calvino em 1953. Veja se não é de cair o queixo o que ele anuncia como efeito da vulgarização das câmeras fotográficas na vida cotidiana de então. Em certa altura do texto, ele diz:

> *o passo entre a realidade que é fotografada na medida em que nos parece bonita e a realidade que nos parece bonita na medida em que foi fotografada é curtíssimo... É só você começar a dizer a respeito de alguma coisa: "Ah, que bonito, tinha era que tirar uma foto!", e já está no terreno de quem pensa que tudo o que não é fotografado é perdido, que é como se não tivesse existido, e que então para viver de verdade é preciso fotografar o mais que se possa, e para fotografar o mais que se possa é preciso ou viver de um modo o mais fotografável possível, ou então considerar fotografáveis todos os momento da própria vida... Não é uma escolha fotográfica, a de vocês: é uma escolha de vida, que os leva a excluir os contrastes dramáticos, os cernes das contradições, as grandes tensões da vontade, da paixão, da aversão... (Calvino, 1992, p. 55)*

Guiados pelo ibope e pelo afã de traduzir a vida em belas fotografias, somos levados a suprimir, nas palavras de Calvino, os contrastes, as contradições e as tensões da vida. Talvez resida aí um dos traços de diferenciação entre as construções analíticas e a distorção propagandística de vidas guiadas pelo *fake*: o esforço de se guiar pela inalcançável verdade do outro e de si.

Em seu importante texto de 1937, "Construções em análise", Freud defende que as intervenções analíticas se assemelham aos delírios dos psicóticos, tanto em sua inventividade, quanto no fato de ambas conterem "um fragmento de verdade". A mesma descrição – de uma construção equivocada que contém, no entanto, um fragmento de verdade – ele empregou trinta anos antes, em 1908, para as fabulações infantis, ou, nos termos específicos do texto, as teorias sexuais infantis.

O poeta vietnamita Ocean Vuong (2021) entende que "poemas criam um *mythós* fora do contexto da história. Eles, em realidade, usam a história como uma base de lançamento, e não como um cemitério do poema". Nessa direção, entendemos a localização da função analítica nas vizinhanças da função poética e da função onírica.[5] Na compreensão freudiana, as construções oníricas são tecidas ao redor dos restos diurnos, o que nos parece equivaler aos fragmentos de verdade que sustentam os delírios psicóticos, as teorizações infantis e as construções analíticas (Freud, 1908/1990; 1937/1990a).

Vemos então que, na nossa busca pela verdade do paciente, contamos com um método de construção que inclui equívoco e uma aproximação residual da realidade. É assim que somos emparelhados às falas de loucos e às brincadeiras infantis – mas também aos poemas e aos sonhos. Somos, dessa forma, depostos da esperança de vir a produzir uma construção cristalinamente verdadeira. Por outro lado, nunca intencionalmente *fake*. O horizonte almejado pela construção analítica reside na abertura para a alteridade, ou seja, na intenção de encontro (mesmo que sabidamente assintótico) com o outro (do analista e do paciente) – diferentemente da construção propagandística cuja bússola aponta o aplauso, o *like* e o consumo. Porém, não é só na bussola

---

5 O psicanalista americano Thomas Ogden (2018), entre muitos outros, afirma a capacidade de sonhar como objetivo do processo analítico.

que essas duas construções se diferenciam; seus métodos também são divergentes.

O método psicanalítico se assenta na sintonia de uma escuta que se dá pela via da associação livre e da atenção flutuante. Guiados como somos pelo horizonte (utópico) de comunicação entre inconscientes (do analista e do paciente), desembocamos na constatação de Phillips (1993) de que "com a invenção da psicanálise – ou melhor, com a descoberta daquilo que ele chamou inconsciente – Freud vislumbrou um panorama assustador: uma profissão de improvisadores" (p. 16). Com efeito, assistimos, na clínica (de Dolto e tantos outros), a um movimento de construção peculiar que trabalha o "resto de verdade" disponível a partir de um método de criação pautado no improviso – próprio da atenção onírica-poética-flutuante.

Referências

Calvino, I. (1992). Aventuras de um fotógrafo. In *Os amores difíceis*. São Paulo: Companhia das Letras.

Coutinho, E. (Diretor). (2002). *Edifício Master* [DVD]. Rio de Janeiro: Videofilmes, Matizar.

Coutinho, E. (Diretor). (2007). *Jogo de Cena* [DVD]. Rio de Janeiro: Videofilmes, Matizar.

Dolto, F. (1990). *Auto-retrato de uma psicanalista*. Rio de Janeiro: Jorge Zahar.

Dolto, F. (1961/2007). Situação atual da família. In F. Dolto, *As etapas decisivas da infância*. São Paulo: Martins Fontes.

Dolto, F. (2007). *A imagem inconsciente do corpo*. São Paulo: Perspectiva.

Dolto, F. (2008). *Quando os filhos precisam dos pais: respostas a consultas de pais com dificuldades na educação dos filhos*. São Paulo: Martins Fontes.

Errâncias. (2022, janeiro 27). Bate-papo com Paulo Sérgio Souza Junior, psicanalista e tradutor [Arquivo de vídeo]. https://www.youtube.com/@errancias/streams

Freud, S. (1908/1990). Teorias sexuais infantis. In S. Freud, *Edição Standard Brasileira das Obras Completas de Sigmund Freud* (Vol. IX). Rio de Janeiro: Imago.

Freud, S. (1909/1990). Análise de uma fobia em um menino de cinco anos. In S. Freud, *Edição Standard Brasileira das Obras Completas de Sigmund Freud* (Vol. X). Rio de Janeiro: Imago.

Freud, S. (1912/1990). Recomendações aos médicos que exercem a psicanálise. In S. Freud, *Edição Standard Brasileira das Obras Completas de Sigmund Freud* (Vol. XII). Rio de Janeiro: Imago.

Freud, S. (1915/1990). O inconsciente. In S. Freud, *Edição Standard Brasileira das Obras Completas de Sigmund Freud* (Vol. XIV). Rio de Janeiro: Imago.

Freud, S. (1937/1990a). Construções em análise. In S. Freud, *Edição Standard Brasileira das Obras Completas de Sigmund Freud* (Vol. XXIII). Rio de Janeiro: Imago.

Freud, S. (1937/1990b). Análise terminável e interminável. In S. Freud, *Edição Standard Brasileira das Obras Completas de Sigmund Freud* (Vol. XXIII). Rio de Janeiro: Imago.

Guignard, F. (1997). *O infantil ao vivo: reflexões sobre a situação analítica*. Rio de Janeiro: Imago.

Gullar, F. (1980). *Traduzir-se*. Recuperado de: https://www.escritas.org/pt/t/13593/traduzirse.

Laznik, M.-C. (1997). *Rumo à palavra: três crianças autistas em psicanálise*. São Paulo: Escuta.

Lispector, C. (2018). *Todas as crônicas*. Rio de Janeiro: Rocco.

Marques, J. (2018, 27 de maio). Ilustrações levam pais de adoção tardia a "ter" infância com os filhos. *Folha de S.Paulo*. Recuperado de: https://www1.folha.uol.com.br/cotidiano/2018/05/ilustracoes-levam-pais-de-adocao-tardia-a-ter-infancia-com-os-filhos.shtml.

Nasio, J.-D. (Org.). (2001). *Os grandes casos de psicose*. Rio de Janeiro: Zahar.

Ogden, T. (2018). *Esta arte da psicanálise: sonhando sonhos não sonhados e gritos interrompidos*. Porto Alegre: Artmed.

Phillips, A. (1993). *Beijo, cócegas e tédio: o inexplorado da vida à luz da psicanálise*. São Paulo: Companhia das Letras.

Phillips, A. (1998). *The beast in the nursery: on curiosity and other apetites*. New York: Vintage Books.

Pires, L. (2007). *Do silêncio ao eco: autismo e clínica psicanalítica*. São Paulo: Edusp/Fapesp.

Pires, L. (2008). A verdade do encontro. *Revista Mente e Cérebro*, p. 20.

Pires, L. (2013). *O jogo analítico: questões técnicas na clínica com crianças* (Tese de doutorado). Instituto de Psicologia da Universidade de São Paulo, São Paulo.

Pires, L. (2020). A radicalidade da ética (psicanalítica) de Françoise Dolto. In D. Teperman, T. Garrafa, & V. Iaconelli, *Laço* (Coleção Parentalidade e Psicanálise). Belo Horizonte: Autêntica.

Vuong, O. (2021, 6 de junho). On Earth with Ocean Vuong. In *Talk Easy with Sam Fragoso* (Spotify).

Parte II

Psicossomática

Dolto e adoecimentos do corpo: reflexões de uma pediatra geral

Florência Fuks

Escrever e refletir sobre Dolto e seu amplo impacto na pediatria e no desenvolvimento infantil me convoca, em primeiro lugar, a perceber o desafio de discutir psicossomática com psicanalistas do lugar de pediatra, mas, concomitantemente, reconheço esta como uma ótima oportunidade para destrinchar a nossa prática médica e os atuais percursos dela, no que tange ao campo psicanalítico.

Trocas e discussões entre a psicanálise e a pediatria, felizmente, já têm longa data. Aqui, o que busco é dar luz através dessa parceria aos diagnósticos dos sintomas contemporâneos, que tanto poderiam se enriquecer com nosso diálogo. Enfatizo isso pois minhas reflexões são fruto da minha atuação profissional cotidiana, que se circunscreve ao ambiente de um consultório privado, com as suas particularidades.

Dito isso, optei por priorizar alguns tópicos como forma de provocação para uma discussão conjunta. Destaco três situações que me parecem estar entre os nossos maiores desafios atuais. E deixo para um momento possível os quadros mais corriqueiros, como dores recorrentes (dor de barriga, dor de cabeça ou dor em membros) ou mesmo enurese ou encoprese, já que atualmente o discurso das famílias e dos próprios pacientes está muito mais permeável às suas inter-relações com o psiquismo. Já nos exemplos que destacarei, ainda noto uma reflexão escassa sobre possíveis associações psicossomáticas.

Como primeiro tópico, e talvez o mais controverso, quero refletir aqui sobre um diagnóstico que tem ganhado grande atenção diante do aumento significativo das estatísticas, que são os ditos "transtornos do desenvolvimento". Claro que a discussão começaria pelos porquês das novas estatísticas e muitos fatores poderiam ser colocados, mas um fato é real: temos, sim, visto cada vez mais esses quadros nos nossos consultórios. Não penso aqui nos casos graves de autismo, mas em situações mais brandas e frequentes, por exemplo, os atrasos ou distúrbios de linguagem e/ou socialização. E ressalto que é uma reflexão que de forma alguma quer cair em uma crítica rasa e muito menos regredir aos tempos das chamadas "mães-geladeira", pelo contrário, tenho enorme respeito e admiração por tais famílias. Mas, com o passar do tempo e observando atentamente essas situações, tem me acompanhado uma hipótese delicada. Tenho sentido cada vez mais que no cerne desses quadros há uma espécie de lacuna de comunicação. Sem dúvida, deve ser pontuado o reconhecimento às particularidades ou suscetibilidades da própria criança, mas estas muitas vezes se encontram em uma família também com sua própria suscetibilidade.

Lembro aqui da própria Dolto no caso León, dizendo que "su madre no era em nada culpable de todo lo que sucedió y que, sin embargo, fue obre suya, pero obra tambien de la cumplicidad, de la sensibilidad particular de León" (Dolto, 2012, p. 251). Copio aqui também a versão em português, mas destaco a diferença sutil da leitura em espanhol: "A mãe de León não tinha culpa nenhuma de tudo o que se tinha passado, e, no entanto, estava comprometida com isto, estando também em jogo a cumplicidade e a sensibilidade particular de León".

Na situação que descrevo, parecem-me sujeitos que demandam um tipo de olhar e de entorno, uma tradução mais atenta e delicada do mundo para sua própria incorporação de aprendizagem e de estruturação psíquica. No entanto, percebo que muitas dessas mães ou pais – e os coloco aqui como cuidadores "principais" simbólicos – não encontram recursos próprios para formar esse anteparo. Aos poucos, sinto que a troca vai se fragilizando e que os desencontros se acentuam, e pareceria que essa criança perde gradualmente a ponte de acesso ao mundo, aos outros, ficando como que à deriva, com seu olhar e sua interpretação deslocados da possibilidade de construção efetiva com seus principais interlocutores. Entendo, assim, como parte da fisiopatologia desse quadro uma espécie de sintoma do vínculo, ancorado na impossibilidade de uma construção subjetiva plena a partir da linguagem. Não acho que necessariamente essa criança não encontre outras trocas nem seja capaz de buscar outros caminhos de desenvolvimento e entrada na cultura, mas, a depender do contexto, testemunho que as marcas deixadas podem ser muito significativas.

Dentro desse contexto, vejo o privilégio e a responsabilidade que o pediatra teria em reconhecer um risco e intervir delicadamente já nos primórdios dessa relação. Ou, para além disso, vejo a potência do manejo pediátrico como um possível tradutor e interlocutor das ricas troca e intermodulação já descritas neste livro. Mesmo quando pensamos nos nossos atendimentos mais frequentes, como uma consulta em que discutimos aleitamento, sono ou cólicas, já nos é possível sensibilizar os pais para leituras mais profundas e subjetivantes.

Um exemplo absolutamente frequente e que representa bem esse aspecto é a cólica do bebê de um mês de vida. Esta parece-me uma discussão tanto rica como simbólica. Se perguntarmos pelas ruas o que é cólica, a maciça maioria responderá: "dor de barriga". E, consequentemente, se pensará em um tratamento medicamentoso à altura. Ainda que tal medicação seja leve, a reflexão que convoco aqui é o quanto essa já é uma leitura que enfatiza uma dor, uma patologia, um corpo a ser tratado em vez de, de fato, enxergar o que pode estar por trás da dita "cólica". Se praticamente todo bebê apresenta cólica no segundo mês de vida, não teria mais sentido buscar e aprofundar-se na *fisiologia* desta queixa? Sim, muitas discussões do tema trazem uma palavra mais adequada à tona: imaturidade. Realmente, esse bebê pode ter gases e notá-los quase que de forma inaugural por sua capacidade crescente de perceber o próprio corpo.

Outro aspecto interessante das tais cólicas é a sua clássica piora no final do dia, na "hora das bruxas". Mas por que os bebês soltariam pum com hora marcada? Aqui entra a compreensão sobre o desenvolvimento do bebê, que, após a fase sonolenta de recém-nascido, passa a ter capacidade de sustentar períodos progressivamente maiores de despertar. Em consequência disso, esse bebê passará a receber mais e mais estímulos naturais no decorrer do dia e, sim, na "hora das bruxas" seu limite pode ter sido ultrapassado (assim como o de sua mãe) e um bom choro será uma excelente via de saída para essa tensão.

Cabe aqui o relato de uma anedota muito perspicaz. Um gastroenterologista pediátrico foi ao Japão fazer um estudo sobre cólica. Na primeira semana de atendimento ambulatorial, ele aguardou a queixa espontânea da família, que acontece em mais de 80% das consultas de um mês de vida em tantos países ocidentais. Lá não houve, porém, nenhuma menção à cólica. Na segunda semana, ele passou a perguntar diretamente se aquele bebê tinha cólicas. Nenhuma resposta afirmativa. Por fim, ele questionou se os bebês choravam. Obviamente, todos responderam que sim e, aprofundando os detalhes do choro, o padrão se assemelhava às nossas cólicas.

Com isso, o gastropediatra foi refletir com o supervisor daquele serviço sobre as diferenças de queixa ou percepção. A resposta, precisa, foi: "Para nós, orientais, o momento das cólicas é esperado e natural". Eles entendiam que faz parte do crescimento de um bebê e – lindamente – enfatizavam que, para aquelas mães, esse era um momento muito oportuno para inaugurar um desafio para seus filhos dizendo-lhes que, sim, a vida traria intensidades e desconfortos, e que elas estariam ao seu lado e lhe dariam colo, mas seriam eles mesmos que deveriam amadurecer e lidar com suas questões.

Essa simples passagem ilustra perfeitamente a complexa diferença que marca tanto a nossa cultura. Eu me pergunto o quanto já não dizemos a um bebê quando, tão no início da sua vida, algo essencialmente orgânico e fisiológico passa ao campo da patologia e deve ser medicado. Quanto descrédito se coloca no próprio bebê e em seu cuidador, que se tornam incapazes de lidar com intempéries da vida, com o crescimento e o amadurecimento naturais de um sujeito. Que reflexos isso terá em eventos futuros?

Voltando aos desafios contemporâneos da prática médica, somando-se aos efeitos dos olhares primordiais sobre o bebê, trago à mesa outra sensação que, infelizmente, me vem associada à anterior: a de que vivemos um período de significativa falta de confiança. Destaco aqui principalmente a falta de confiança dos próprios pais em sua parentalidade, em suas percepções e apostas, em seu famoso bom senso ou desejo de testar, antes de necessitar de confirmação a uma "grande verdade" que deveria norteá-los. Mas também poderíamos estender a discussão para outros níveis e impactos dessa crise de confiança: a desconfiança das fontes de informação – ainda mais diante da enorme enxurrada de informação encontrada; a desconfiança da sabedoria de cuidadores experientes como avós, babás, amigos ou professores; a desconfiança do médico que pede muitos exames ou do outro porque pediu poucos; a desconfiança do próprio médico na relação médico-paciente que o obriga a se defender ancorado em ferramentas questionáveis. Em suma, são muitas as reflexões desencadeáveis por este tópico que poderíamos discutir, mas sigo agora ao próximo.

Bom, caminhando para o segundo tópico e colocando como apoio ricas reflexões de Dolto no livro *A imagem inconsciente do corpo*, trago à discussão o desafio contemporâneo diante dos diagnósticos sindrômicos tão precoces, possíveis pelo avanço tecnológico. Vejo um paralelo entre eles e os casos de poliomielite, para os quais ela descreve a importância do olhar, do afeto e do discurso dos pais no sentido de manter a potência daquele corpo sequelado como íntegro na percepção psíquica da criança. Hoje em dia, me sinto convocada nesse sentido, quando, por exemplo, uma família recebe um diagnóstico de uma doença rara ou uma síndrome genética já na gestação ou nos primeiros meses de vida.

Descrevo um caso para paramentar nossa discussão: uma paciente que aos 16 meses tem confirmada uma mutação genética que se associa a uma síndrome recentemente descrita em um artigo de 2017, com apenas quinze casos identificados. Seriam todos casos graves, com acometimento significativo do crescimento e do desenvolvimento, com grandes dificuldades cognitivas e motoras. Com isso, enquanto essa menina começa a percorrer seu próprio caminho de desenvolvimento, temos um suposto ponto-final dramático. Pergunto-me e reflito sobre isso intensamente com os pais. O quanto podemos estar sendo injustos ao definir hoje uma suposta gravidade antes mesmo de deixá-la nos contar. Sem sombra de dúvida, há um benefício ao encontrar tal diagnóstico já no início de uma provável extensa investigação, uma vez que esta paciente apresenta sinais preocupantes. Sem dúvida, essa informação encerra uma peregrinação investigativa, invasiva e muito angustiante para a paciente e sua família. Contudo, nos coloca diante do exercício de não fechar e determinar rigidamente um prognóstico.

Voltando a Dolto, vejo como um trabalho fundamental ajudar essas famílias e os próprios pacientes a construírem um campo aberto às possibilidades. A necessidade de apoio para a elaboração desses pais do seu filho possível e de suas potências sem negar suas marcas me parece tão urgente quanto os cuidados e estímulos "do corpo". Questiono-me sobre o impacto na construção psíquica dessas crianças e de sua imagem corporal quando nos olhos da mãe só se veem as características da síndrome a serem cumpridas.

Agora, por fim, chego ao terceiro tópico. Pensando com muito cuidado sobre os diagnósticos e até mesmo sobre certos enigmas da pediatria atual, não pude deixar de lembrar da abundância de casos ou suspeitas de alergia alimentar. Coloco aqui os bebês que apresentam sangramento nas fezes, refluxo gastroesofágico ou apenas uma intensa irritabilidade como sintomas que levariam um pediatra a supor uma alergia, sendo a alergia à proteína do leite de vaca a mais frequente delas. Sem me aprofundar na questão orgânica em si, mas mencionando que são muitas as hipóteses que pretendem justificar esse aumento de incidência e nenhuma que de fato encerre a reflexão, me pergunto se a alergia alimentar não poderia ser também vista como um equivalente asmático dos tempos modernos. Mas, em vez de reagir ao "excesso materno", imagino que a reação seja ao excesso do mundo, um mundo que para muitos pode ser potencialmente indigesto. Levando em consideração que o sistema imunológico entende todo estresse como alerta e, a depender do paciente, desencadeia uma resposta inflamatória, seria cabível supor que o estresse psíquico seja participante dessa fisiopatologia.

Aqui, mais uma vez, me parece fundamental o papel do pediatra numa condução crítica e que amplie o olhar dos pais, diante do potente fator de angústia e preocupação que, ao meu ver, em parte, é capaz de intensificar o quadro. Sem sombra de dúvida, quando se supõe um choro forte como possível sinal de agudização dessa tal alergia, colocamos a faca e o queijo na mão de pais que já se veem com dificuldade de interpretar e lidar com a irritabilidade de seu bebê; qualquer outro motivo (e será que haveria?) de choro e inquietação poderia ser desacreditado diante da patologização colocada.

De maneira próxima à reflexão sobre a cólica já colocada antes, é fundamental percorrer com esses cuidadores a possibilidade de ampliar as hipóteses para a irritabilidade, ajudando-os no sentido prático a subjetivar esse bebê. Lembrá-los do valor, da importância e da infinita prevalência de um outro choro, o choro tão normal de um bebê que tem aí uma de suas principais ferramentas de comunicação. Também cabe aqui refletir sobre os diversos "tipos" normais de temperamento de bebês, lembrando daqueles que necessitarão expressar-se com um choro muito intenso mesmo em situações absolutamente fisiológicas. E, por fim, nesses casos, também se torna essencial acompanhar sutilmente a mãe ou cuidador em uma reflexão sobre como esse choro, a irritabilidade ou o diagnóstico a/o afeta.

Aproveitando este ponto crítico, encerro aqui a discussão nos convidando a pensar na interface da pediatria e da psicanálise com o entorno sociocultural que recebe os bebês da contemporaneidade.

O que o ritmo e a velocidade atuais estão desencadeando? O que a tecnologia e as telas estão sugando? Que olhares, que anteparo esse bebê tem recebido? Como estão se estruturando as famílias nos desafios modernos? Onde está o corpo e sua leitura entre tantas intervenções e diagnósticos?

Essas estão entre as tantas questões que reconheço na nossa prática clínica.

Vejo como eminente a necessidade de convocar-nos e convocar essas famílias ao ritmo infantil, ao olhar e à experiência em um tempo respeitoso ao desenvolvimento do sujeito. Estamos todos implicados.

Com isso, concluo com um grande desejo de prosseguir as discussões e de aprofundarmos nossa prática a partir do lindo fruto que Dolto nos deixou e que nos une aqui, pediatras e psicanalistas, em busca de um cuidado mais amplo e rico dos nossos pequenos, médios e grandes pacientes.

Referência

Dolto, F. (2012). *La imagen inconsciente del cuerpo*. Buenos Aires: Paidós.

Imagem inconsciente do corpo e psicossomática

Wagner Ranña

Françoise Dolto foi uma psicanalista que teve grande importância para a psicanálise do século XX, uma médica que deixou importantes contribuições para a psicossomática psicanalítica e uma psiquiatra crítica das abordagens sobre a saúde mental na infância, desempenhando um papel de militante no que poderia ser chamado de "luta antimanicomial infantojuvenil". Sua importância é indiscutível, e vou neste texto comentar essas três vertentes de suas atividades.

Dolto e a psicanálise

Como psicanalista, sua contribuição mais significativa, segundo Miguel Vallim (2016), é o conceito de "imagem inconsciente do corpo". Para Vallim, Dolto tem um papel importante na complexa história da disciplina psicanalítica: "Dolto não apenas desempenhou um papel de destaque na psicanálise do século XX, mas também deve ser considerada diante do amplo panorama da psicanálise contemporânea" (p. 6).

Segundo Dolto, existem o esquema corporal e a imagem inconsciente do corpo, que funciona como mediadora das três instâncias psíquicas da segunda tópica freudiana, ou seja, o isso, o eu e o supereu. Podemos absorver de suas obras que o corpo vivo, atravessado pela pulsão, ativo nos gestos, criativo nos desenhos, nas modelagens e nas palavras, não pode deixar de ser integrado à clínica psicanalítica, assim como não pode ser visto apenas como um organismo pela medicina.

> *Quando as crianças ouvem que seus pais foram feitos prisioneiros, os meninos todos faziam xixi na cama, já sendo continentes, com 8, 9, 10, 11 anos! Isso me interessou: justamente se explica pela imagem inconsciente do corpo. Cai sobre a imagem pré-genital uma imagem excremental, para não tomar o lugar do pai que não está lá. O menino voltava a fazer xixi na cama, a menina voltava a chupar o dedo e a mãe se tornava amenorreica! . . . Todos esses efeitos no corpo . . . isso tinha que fazer um psicanalista pensar.* (Dolto, citada por Vallim, 2016, p. 50)

O seu conceito de imagem inconsciente do corpo encontra sintonia no conceito de corpo erógeno, de Freud, no conceito de psicossoma, de Winnicott, e ainda no estádio do espelho, de Lacan. Dolto integra então o grupo de psicanalistas que contribuíram para aprofundar os conceitos necessários para entendermos os tempos primordiais da constituição do humano, que, a partir de um vazio, vai se humanizar e se constituir como sujeito por meio de um processo que toma como referência a matriz humanizante do semelhante, destacando a importância do laço social. Esses autores, entre outros, contribuíram para estabelecer a importância do tempo da constituição psíquica para a psicanálise.

Vallim afirma ainda que esse conceito de imagem inconsciente do corpo de Dolto tem sua importância atual na psicanálise contemporânea, pois destaca a presença do corpo e seu gozo como constituída junto com o sujeito. Para Dolto, o corpo é constituído pelo entrelaçamento entre o organismo, as imagens e as palavras, no encontro com o semelhante.

Essa concepção tem sua importância porque não reduz o corpo à sua condição de um organismo, o qual é o objeto do modelo biomédico, destacando a necessidade de pensarmos no sofrimento humano a partir da concepção de um sujeito psicossomático.

Hoje, com a polissemia de identidades de gênero, orientações sexuais e modalidades de gozo, vai ficando evidente que o corpo é infinito. Atravessado pelo encontro com o outro, o corpo inscreve-se num circuito pulsional ativo, passivo e reflexivo. O corpo em cada caso clínico desafia a nossa escuta e coloca em questão a sua singularidade radical e irredutível.

O corpo sai da universalidade dos instintos para a particularidade da pulsão e, finalmente, para singularidade do desejo. A cada um o seu corpo. A cada um o seu gozo. Tudo isso é muito atual e são desafios para a psicanálise contemporânea.

Esses conceitos, tão caros para a psicanálise, vão encontrar sua presença na arte contemporânea, que, ao se libertar das formas totalizantes de representar o corpo, como cópia fiel ao real, passa a expressar a invasão subjetiva nas formas, que vai do corpo multifacetado do cubismo ao corpo do movimento artístico Gutai, que integra ação e expressão, como citado por Casetto (2014). Esse movimento artístico usa a técnica de pinturas feitas por atos de jogar a tinta na tela, integrando a dança e a pintura num ato criativo, que tem seu sentido apenas num *après-coup*, destacando o elemento inconsciente, muito semelhante ao que encontramos nas produções de desenhos nas terapias com crianças, o que não deixou de chamar a atenção de Dolto no trabalho psicanalítico com crianças e que vamos exemplificar no caso clínico a seguir. Dolto, com seu conceito de imagem inconsciente do corpo, integra a imagem de base, respiratório-olfativo-auditiva, oral e anal, com as imagens funcional, erógena e dinâmica, concebendo um aparelho psíquico psicossomático. O corpo erógeno, o corpo relacional e o corpo intersubjetivo podem ser integrados e constituem uma imagem inconsciente. Pensando em uma tridimensionalidade, imaginamos três eixos dessa estrutura: pulsional, simbólico e intersubjetivo (Ranña, 2003).

Para Dolto, a imagem inconsciente do corpo integra o eu, o supereu e o isso, que são desdobramentos do narcisismo primário, que está na origem das instâncias da segunda tópica. Da clivagem do narcisismo primário vão se constituir as instâncias freudianas da segunda tópica, e Dolto aprofunda a ideia freudiana de um eu corporal, resultado de integração das pulsões parciais em uma unidade, para incluir o imaginário e sua função integradora do eu, revelando aqui a influência de Lacan nas suas concepções, mas deixando sua marca original e criativa. Nenhuma função fisiológica ou neurológica escapa dos efeitos da imagem de corpo inscrita no encontro imaginário com o semelhante e da sua condição de falante.

As experiências de sentir-se vivo, integrado e presente no encontro com o outro, através de um circuito pulsional, nas suas expressões oral, anal, escópica, evocante, retiram o corpo de seu estado biológico para inscrevê-lo no laço psicossocial. Essa concepção, tão importante para a psicanálise, pode ser depreendida dos textos de Dolto.

Dolto (2017) afirma que os desenhos, as modelagens, as cores, formas e gestos, livremente expressos e produzidos nas análises, são expressões inconscientes decodificáveis. Com essa afirmação,

Dolto vai contribuir para a construção de dispositivos analíticos com crianças, sendo uma referência para as origens dessa clínica.

A imagem do corpo é linguageira, portanto dialógica, com o outro, para o outro, pelo outro. O caminho que parte de um organismo regido pelos instintos, na lógica da necessidade, até um corpo regido pela lógica do desejo passa pela imagem inconsciente de corpo.

A psicanálise vai assim ampliar seus paradigmas para além do pulsional e do relacional, pois Dolto fala desses dois paradigmas, mas integra um terceiro, o intersubjetivo. A imagem inconsciente do corpo em Dolto e em Winnicott não é alienante, por outro lado, Lacan destaca o conceito de alienação, na medida em que essa imagem está fortemente marcada pela incidência do desejo do outro primordial. Porém, esses autores coincidem quando estamos no campo da psicopatologia, pois todos ressaltam os efeitos alienantes do encontro com a sexualidade traumática do adulto, bem como a importância das projeções narcísicas do outro no corpo infantil em constituição.

Suas investigações clínicas e elaborações teóricas foram referência para mim, entre outros autores psicanalíticos, principalmente na forma da investigação psicanalítica no trabalho com crianças, constituindo um "método", como chama Dolto.

Seu método consistia em escutar os pais, observar e escutar a criança, pela palavra ou pelas produções em desenhos e modelagens, buscando o enigma, ou o significado dos sintomas, somáticos, comportamentais ou imaginários, em uma postura absolutamente ética ao considerar apenas a criança como portadora de sua verdade, colocando um limite nos excessos interpretativos na clínica com crianças. Incluía os pais, sua história e suas representações sobre a criança e depois ajudava a criança a desvelar a trama de processos pulsionais, objetais e identificatórios implicados no seu sofrimento psíquico e somático. Era uma psicanalista sintonizada com Freud no que se refere à constituição da sexualidade e ao complexo de Édipo, mas advertida também pelos processos de alienação ao outro e pelo consequente trabalho no campo intersubjetivo. Sem se afastar da neurose e do complexo de Édipo, inclui na investigação e terapêutica do sofrimento psíquico, ou somático, da criança a "neurose familiar", transgeracional, implicando pais e avós.

Dolto e a psicossomática

O segundo ponto que destaco é que Dolto nunca deixa de ser médica e pediatra, e vai contribuir também para a psicanálise em extensão, ao estabelecer um campo interdisciplinar com a medicina por meio da psicossomática. Para isso, investiga os sintomas somáticos para além do paradigma biomédico, ao tomar como referência modalidades de interpretação baseadas na psicanálise, como a "angústia de castração", o "complexo de Édipo", as "castrações simboligênicas" e o conceito de "imagem inconsciente do corpo", contribuindo para um rico movimento de aplicação da psicanálise, a psicossomática.

Os relatos de seus casos e suas experiências na transferência foram referência para a construção de projetos interdisciplinares de apoio aos ambulatórios de pediatria da atenção básica em saúde. Dolto constrói seus conceitos e dispositivos baseada em uma grande experiência clínica, dando importância para as intervenções breves e pontuais em sintomas disfuncionais ou lesionais, que de outra forma ficariam sem resolução ao negar à criança sua posição de sujeito ou deixar de pensar suas angústias como decorrentes do processo de organização pulsional, de subjetivação e do encontro com o real traumático (Dolto, 1977).

Suas advertências e método de investigação foram importantes colaborações para o trabalho em psicossomática da criança, que deve integrar:

- os sintomas somáticos, em parceria com os pediatras e outros profissionais da saúde;
- as observações e interações lúdicas e "linguageiras" com a criança, interpretando com a participação da criança seus desenhos, seus jogos, suas modelagens e seus gestos;
- a escuta dos pais para desvelar o "romance familiar", ou os efeitos de acontecimentos traumáticos, principalmente quando se nega a posição da criança como sujeito implicado nesses acontecimentos familiares e históricos.

Indicava abertamente o estudo e o conhecimento dos fundamentos da teoria da constituição da sexualidade e das neuroses por médicos, pois, quando os sintomas do paciente não tinham uma realidade somática para explicar ou intervir, estes deveriam recorrer a essa ajuda na clínica (Dolto, 1977).

Essa parceria com os clínicos pediatras e os seus casos, descritos no livro/tese *Psicanálise e pediatria* (Dolto, 1977), são muito parecidos com o que pude vivenciar e ainda vivencio ao compartilhar casos com os pediatras e outros profissionais da atenção básica e ambulatorial, experiência que nos coloca diante de um celeiro riquíssimo para mostrar os efeitos da cura pela palavra.

Entre os distúrbios funcionais estudados por Dolto, destacamos a enurese e vamos apresentar um caso de grave distúrbio da micção investigado em parceria com pediatras especialistas em nefrologia infantil. A clínica pode nos auxiliar nesse caminho para fazer os conceitos trabalharem, como podemos depreender do caso Kauã.

Kauã era um menino de 7 anos que estava sendo atendido no ambulatório de nefrologia, pois apresentava uma enurese, um megacólon e uma obstrução das vias excretoras renais, com dilatação de bexiga e ureteres. A investigação médica constatou que a obstrução não tinha uma causa somática evidente. Os pediatras nefrologistas estavam estarrecidos com essa obstrução funcional. Sua função urinária era igual à de um sujeito que tinha sofrido uma lesão medular, estando seu sistema excretor urinário excluído de controle pelo sistema nervoso central. Como já apresentava sinais de dilatação das vias urinárias, a insuficiência renal era questão de tempo. Portanto, teria de ser descoberta uma causa para a obstrução para que o caso não chegasse numa insuficiência renal grave, necessitando de diálise e transplante.

Para a sorte desse menino, além da enurese e do megacólon, que já demandariam uma investigação psicossomático-psicanalítica, ele apresentava também uma questão na sua identidade de gênero, pois gostava de se vestir como menina e tinha o hábito de andar rebolando com um coquetismo feminino quando passava diante de homens adultos. Fazia xixi sentado e dizia que não tinha pênis. Estávamos diante de um caso de transtorno de identidade de gênero, com expressão sintomática pelo travestismo e pelo comportamento.

Em função disso o psicanalista foi convocado. Na primeira discussão com os pediatras já fora levantada a possibilidade de haver relação entre os três sintomas, ou seja, a obstrução funcional das vias urinárias, a enurese e o transtorno de identidade de gênero, e que poderíamos estar diante de um quadro descrito por Hinmann como associação de enurese e megacólon (Ranña, 2002), cuja determinação psicossomática é bem conhecida. Os pediatras aceitaram a ideia de iniciarmos uma investigação, pois essas correlações só poderiam ser verificadas num *après-coup*.

Como afirma Gueller (2018),

> *quando trabalhamos com crianças, o tempo de qualquer intervenção - médica, educativa, psicanalítica - se coloca como uma questão central, porque a criança está em processo de constituição, isto é, sua prematuridade biológica faz com que a formação de sua subjetividade dependa de experiências que terão lugar na relação que vai estabelecendo com os outros do entorno. (p. 189)*

Precisávamos então escutar os protagonistas dessa história subjetiva.

Nas entrevistas com a mãe, a avó materna e os professores, ficamos sabendo que Kauã era filho de uma mãe cuja orientação sexual era homossexual e era fruto de uma "produção independente". Vivia identificado com as mulheres, num mundo feminino.

Fico sabendo que Kauã nunca apresentou qualquer comportamento travestista na escola. Esse comportamento era presente na sua relação com a mãe, dirigido para ela.

Nas sessões seus desenhos demonstravam um corpo sempre com as pernas cruzadas, como se estivesse retendo sua urina, acompanhado de um desenho de um pássaro pequeno, ou outro objeto, em algum lugar da página, que entendemos ser seu pênis, voando, sem lugar no corpo imaginário inconsciente, identificado com uma modalidade de gozo da mãe ao recusar seu corpo de menino (vide Figura 1).

Figura 1

Podemos pensar numa dissociação, como também podia haver uma forclusão do pênis real nos desenhos, que estava em correspondência à obstrução funcional detectada nos exames. Em outra oportunidade, sobre a figura humana, Kauã desenha uma menina com o vestido cheio de corações, que foi associada a sua bexiga, "cheia de corações" (vide Figura 2).

Figura 2

Nos desenhos a imagem inconsciente do corpo vai sendo inscrita, criando a possibilidade de poder falar e dialogar sobre as

imagens, deslocando a retenção do corpo para a imagem e depois para a palavra. Aquilo que estava no inconsciente e na função excretora, dissociado do sujeito, na situação de um gozo para o outro, pode agora estar sob incidência do sujeito.

Esse caso ilustra bem duas teses de Dolto. Uma é quando afirma que os "distúrbios funcionais são distúrbios relacionais" (Dolto, 1977), abrindo um vasto campo para a "medicina da infância", principalmente com os bebês. A outra tese é a da imagem inconsciente do corpo, que nesse caso estava determinando o transtorno de identidade de gênero e o transtorno da excreção urinária. O corpo feminino, sem pênis, resultado de uma alienação ao desejo materno, ou, mais grave ainda, o corpo sem falta, sem buraco, que não evacua, ou não urina. No caso a enurese, ou seja, a excreção urinária, só ocorria no sono, quando as incidências dessas identificações perdiam sua força.

Mas gostaria de destacar como principal ponto nesse relato clínico a ocorrência de um distúrbio nas funções excretoras do organismo, que, sob a influência de uma imagem inconsciente de corpo, constituída na relação com o outro, é submetido a uma inversão, revelando o quanto a organização pulsional tem o poder de submeter o organismo. Estaríamos diante de uma "forclusão localizada"' (Lefèvre, 2001), na qual a função orgânica é submetida ao desejo, no caso o desejo do outro, intrusivo e alienante.

Dolto e a psiquiatria infantil

O terceiro ponto escolhido são as contribuições de Dolto para a cultura do ser criança e as políticas do cuidado para a infância, e vou destacar a "Dolto antimanicomial", apontando uma visão crítica sobre o sofrimento psíquico humano e as modalidades mortíferas de institucionalização.

Dolto critica veementemente as abordagens sobre o cuidado das deficiências intelectuais e dos "loucos", considerados como tendo uma doença neurológica ou genética, ou ainda daqueles com desvios de caráter, congênitos e irreversíveis, abandonados nas instituições como imbecis ou débeis irrecuperáveis.

Dolto vai ser uma das pioneiras em afirmar que o sujeito na criança só se constitui no laço com o outro e que as privações precoces resultam em grandes distúrbios psíquicos para a vida posterior, sendo uma das primeiras a destacar a importância das intervenções precoces, que hoje são um grande paradigma da psicanálise e da psiquiatria infantojuvenil contemporâneas. Participa ainda dos processos de transformação nas instituições de saúde para a infância, na perspectiva de nunca separar a criança de seus pais e evitar as institucionalizações.

Conclusão

O processo que implica a constituição do sujeito vai além do organismo, pois é efeito do cuidado recebido, da entrada no mundo psicossomático, no litoral entre gozo e desejo, necessidade/prazer, desejo do sujeito em compartilhar o mundo das palavras, sempre identificando o lugar que essa criança ocupa no romance familiar e na relação social.

Num tempo em que crianças não tinham existência como sujeitos, que facilmente eram classificadas como idiotas ou imorais, sendo encaminhadas para manicômios, ou para reformatórios, ou ainda internadas em enfermarias sem os pais, emergem as falas e advertências da psicanálise, que trabalha para colocar o sofrimento psicossomático dos humanos nos eixos da teoria sobre o inconsciente e da teoria sobre a subjetividade, e nessa travessia encontramos Françoise Dolto.

Referências

Casetto, S. J. (2014). O corpo na psique, sua imagem inconsciente. In R. Volich, W. Ranña, & M. L. P. Labaki (Orgs.), *Psicossoma V: integração, desintegração, limites*. São Paulo: Casa do Psicólogo.

Dolto, F. (1977). *Psicanálise e pediatria*. Rio de Janeiro: Zahar Editores.

Dolto, F. (2017). *A imagem inconsciente do corpo*. São Paulo: Perspectiva.

Graña, R. B. (2001). Dificuldades no diagnóstico e tratamento psicanalítico de crianças com distúrbio da identidade sexual. In R. Graña, & A. B. S. Piva (Orgs.), *Atualidades da psicanálise de crianças: perspectivas para um novo século*. São Paulo: Casa do Psicólogo.

Gueller, A. J. S. (2018). Entre um sujeito e o Outro, de quem é o corpo? In R. M. Mariotto (Org.), *Gênero e sexualidade na infância e adolescência: reflexões psicanalíticas*. Salvador: Algama.

Lefèvre, A. (2001). As psicoses transitórias à luz do conceito de forclusão localizada. In J.-D. Nasio (Org.), *Os grandes casos de psicose*. Rio de Janeiro: Zahar.

Ranña, W. (2002). A enurese: aspectos pediátricos, psicossomáticos e psicanalíticos. In R. Reimão (Org.), *Temas de medicina do sono*. São Paulo: Associação Paulista de Medicina.

Ranña, W. (2003). A criança e o adolescente: seu corpo, sua história e os eixos da constituição subjetiva. In R. Volich, W. Ranña, & F. C. Ferraz (Orgs.), *Psicossoma III: interfaces da psicossomática*. São Paulo: Casa do Psicólogo.

Vallim, M. R. (2016). *Françoise Dolto, uma voz na psicanálise* (Tese de mestrado). Pontifícia Universidade Católica de São Paulo, São Paulo.

Françoise Dolto e neurociências: entre o corpo desalmado e a mente desencorpada

Miguel Junqueira Fausto

Parece estranho supor que o corpo tenha seu lugar na história das ideias, talvez por ser uma das pouquíssimas coisas que, simplesmente por existirmos, podemos mais seguramente tomar como um dado óbvio e natural – *take it for granted*. No entanto, pode-se afirmar tranquilamente que o corpo é objeto da imaginação e do pensamento humano e que sua natureza não foi decifrada de imediato. Nota-se isso pela existência de várias teorias e modelos que pretendem explicar seu funcionamento. O simples fato de haver teorias sobre como é o corpo humano já mostra que ele não se dá a conhecer por si só, exigindo um esforço de compreensão. A título de exemplo, falemos brevemente de um desses esforços, hoje já tido como superado.

A teoria humoral surgiu na Antiguidade grega, embasou os ensinamentos de Hipócrates[1] e vigorou até meados do século XIX

1 Antes de Hipócrates, aliás, o entendimento das doenças era do domínio da religião ou da superstição. Acreditava-se que elas vinham de outro plano e por desígnios supernaturais. É com a escola hipocrática que o tratamento da doença passa a ser encarado como *expertise* do corpo humano. Para mais informações, ler o capítulo 3 de Porter (2001).

na Europa, para se ter uma ideia de sua relevância e duração. De acordo com ela, o corpo humano conteria quatro líquidos, chamados de humores, cujo equilíbrio ou desequilíbrio determinaria a saúde do organismo. Essa concepção é totalmente diferente da que vigora hoje na medicina ocidental, tanto para o corpo quanto para o entendimento das suas doenças (Porter, 2001).

Se hoje é consenso na medicina ocidental tradicional que não existem os tais humores, a questão do funcionamento do corpo não foi completamente elucidada por ela. O avanço das nossas técnicas e teorias pode dar a impressão de que o que sabemos hoje não se trata de concepções, e sim de imagens exatas do que é o corpo humano, enfim, de que realmente dominamos e encerramos essa questão. No entanto, vale a pena lembrar que há uma peça-chave desse corpo ainda em investigação, o cérebro. Justamente onde tudo é articulado e de onde tudo é comandado. Articulado? Sim, parece ser através do cérebro que o corpo se conhece ou até se constrói, juntando suas partes num todo coerente. Essa é uma ideia que deve permear todo este texto, se seu autor não se perder muito nessa empreitada.

Falar em cérebro como parte do corpo gera certa estranheza. Estranheza legítima, pois falar em cérebro é geralmente falar da mente ou, se permitirem uma ousadia, de psiquismo. Enfim, de um fenômeno de características imateriais. Alguém já encontrou seu sonho debaixo da cama? Falar em cérebro é também falar em consciência, outro fenômeno imaterial, e, por que não, em inconsciente. E qual o interesse disso, para além de instigar o leitor? É que o duo corpo e mente é um capítulo de destaque na história das ideias e na história das ideias sobre o corpo e sobre a mente.

Não se poderia falar da mente sem ao menos mencionar de onde ela possivelmente se origina e, na verdade, veremos nesse processo que o corpo comparece com muito mais do que apenas um lócus para a mente. É como se não houvesse mentes desencorpadas, daí falar em cérebro para falar de psicanálise, e tampouco corpos desalmados, daí falar em psicanálise para falar em corpo, ou cérebro. Essas implicações devem ficar mais claras à medida que o texto avançar. E por que começar assim um texto de um livro sobre o trabalho de Françoise Dolto? Dolto formulou a sua melodia explicativa para esse dueto corpo-mente e, como ela não foi a única nem a primeira, penso ser interessante inseri-la num contexto maior para assim sugerir um ângulo de leitura específico dessa sua melodia. Basicamente, este texto pretende mostrar a relevância de Dolto para o debate corpo-mente e comparar a contribuição dela com a da neurociência moderna, mostrando como esse debate pode enriquecer, além da compreensão dos fenômenos de que se ocupava Dolto na sua clínica, também a da própria clínica neurológica.

Uma possível origem para a mente e o psiquismo

Assim como na história do pensamento, a ideia do corpo não é equivalente a uma percepção ou intuição direta, mas sim a uma representação; na história de cada mente humana, ele tampouco aparece como algo pré-fabricado ou acabado, pronto para ser colocado em uso. Isso quer dizer que, ao nascermos ou ao surgirmos como feto, nós temos um corpo sem ainda o entendermos bem, sem ainda termos construído representações mentais para usá-lo de modo mais completo. Paralelamente, tampouco nascemos com uma mente pronta, ela vai se estruturando e se alterando aos poucos, *ad aeternum*. Françoise Dolto, com sua clínica e seu conceito de imagem inconsciente do corpo, que apresentarei mais adiante, fornece uma espécie de descrição desse construir-se paralelo do corpo e da mente. Como a ideia de que o corpo não está dado e é construído é menos intuitiva, tomemos então outro ponto de partida, ainda no esforço de contextualização. De onde viria a mente, supondo que ela não é infundida no homem de fora para dentro?

"O objeto da ideia constituinte da mente humana é o corpo", afirmou Espinosa em sua *Ética*, no século XVII (Spinoza, 1996, p. 39). Trocando em miúdos, a ideia fundadora da mente humana surge da experiência corporal ou ela seria, mais precisamente, uma ideia de corpo. Ideia aqui deve ser entendida mais como noção, talvez até como "uma vaga noção", do que como pensamento lógico. Embora a afirmação de Espinosa possa (mas não deveria) ser tomada como mera especulação filosófica sem muito fundamento empírico, ela encontra ressonância significativa em outros autores. Entre eles, Françoise Dolto, para quem a criança vai construindo teorias e imagens do próprio corpo que estruturariam sua relação consigo e com os outros, e António Damásio, neurocientista português que cita diretamente Espinosa.

Quatro séculos depois de Espinosa, Damásio (2004) escreve que "a mente existe porque há um corpo que lhe fornece conteúdos" ("*to furnish it with contents*", para manter a metáfora do original em inglês) (p. 206). Como Espinosa, Damásio coloca em questão a separação entre mente e corpo defendida por Descartes. Espinosa o fez reinterpretando o conceito de substância. Evitando adentrar aqui o complexo labirinto da filosofia, é suficiente dizer que Espinosa leva essa reinterpretação às últimas consequências, propondo que pensamento e extensão (matéria) derivam da mesma origem e seriam pontos de vista distintos de uma mesma coisa. Para quem se interessar mais, recomendo a leitura do original. Damásio aprofunda a intuição de Espinosa, propondo que a representação dos estados corporais tanto internos quanto externos funda a mente e está no centro da noção de si. No mesmo livro em que propõe isso, cujo título, não por acaso, é *Procurando Espinosa*, há uma passagem particularmente interessante que merece ser transcrita aqui. Trata-se da vivência de um paciente epiléptico.

> *Apontando para seu próprio corpo com precisão, o paciente descreveu uma sensação estranha que começava no meio de seu estômago e subia então para o seu peito, de modo que, imediatamente depois, ele perdia a sensação do corpo abaixo dessa área como se ele estivesse sob anestesia local. A sensação parecida à de anestesia continuava a subir e, no momento que atingia sua garganta, ele desmaiava. (Damásio, 2004, p. 191)*

Essa vivência antecedia, como uma aura, a eclosão da crise epiléptica. Damásio interpreta essa sensação de anestesia como decorrente de uma distorção na sensação corporal do paciente, que, tendo passado de estranha a totalmente inexistente, provocou uma perda temporária de consciência. O relato dessa situação ganha relevo por ter sugerido a hipótese que ele trabalha ao longo desse livro e aprofunda em outro, *Self vem à mente* (Damásio, 2012), a saber: há uma estreita relação entre a percepção do próprio corpo e a existência de uma noção de si.

> *Quando o mapeamento cerebral dos estados do corpo é suspenso, também a mente entra em suspensão. De certo modo, remover a presença mental do corpo foi como puxar o tapete por debaixo da mente. Uma interrupção radical no fluxo de representações corporais que dá suporte aos nossos sentimentos e ao nosso sentido de continuidade pode causar, por si só, uma interrupção radical nos nossos pensamentos sobre objetos e situações. (Damásio, 2004, p. 192)*

Damásio propõe um modelo de funcionamento cerebral no qual a função primeira do cérebro seria o mapeamento contínuo dos estados corporais, criando assim representações dos estados do corpo e, portanto, condições para o surgimento da mente. Quando o fluxo de representações corporais é interrompido ou perturbado – fluxo que é suporte para os sentimentos e para um sentido de continuidade da existência –, também a mente, que é um processo dinâmico, seria como que suspensa ou pausada. A hipótese de Damásio constitui uma perspectiva que não cinde corpo e cérebro, como se este não pertencesse àquele. Pelo contrário, o cérebro é, segundo Damásio, a única parte do corpo capaz de se comunicar com todo o resto. Mais ainda, corpo e mente, assim como para Espinosa, estão intimamente ligados. A mente nasce do cérebro e da capacidade dele de representar o corpo, são manifestações de um mesmo organismo e provocam alterações mútuas (o corpo na mente e a mente no corpo) (Damásio, 2004).

Aqui vale a pena pararmos para introduzir uma pergunta. Como é possível termos uma noção coerente do corpo, como uma unidade, e não simplesmente uma noção fragmentária de partes articuladas? Está claro que as partes do corpo estão conectadas concreta e neurologicamente no cérebro. No entanto, a noção de que essas partes formam um todo implica também a formulação de uma espécie de conceito que abranja todas essas partes e lhes dê um sentido único e coerente, o de corpo ou, quem sabe, de "eu". E um conceito nada mais é do que uma representação mental. Então, concordemos ou não com o modelo que Damásio propõe, o que ele aporta de mais essencial é que não existe mente sem corpo, mas que, igualmente, não existe corpo humano sem mente. Do contrário, um corpo seria um objeto como outro qualquer. Com isso no pano de fundo, adentremos finalmente pelo pensamento de Dolto.

Qual o papel do corpo na sua obra? Dolto o concebe não apenas como lugar de experiência, mas praticamente como uma experiência em si. Através do corpo se organiza um psiquismo. Ela situa as origens da comunicação e da linguagem no corpo, mas, como dito, o corpo não é mero lócus. Para deixar isso mais claro, façamos uma espécie de exemplo hipotético. Seria o olhar atento de um cuidador, dirigido a um bebê, que conferiria às manifestações de dor e prazer desse bebê certo valor expressivo. Essa cara assim apertada deve ser dor de barriga. No entanto, esse valor expressivo ou comunicativo não viria tanto ou apenas da atribuição de sentido que esse olhar pode fazer. Ele estaria mais na resposta desse bebê ao que se faz com ele, com seu corpo. Ou melhor, na correspondência entre os movimentos do bebê e do seu cuidador. Portanto, em uma relação.

E quais seriam esses movimentos do bebê, se não uma espécie de reação do corpo a sensações agradáveis e desagradáveis? E como não ver nisso pistas de que ali naquele corpo pode haver alguém que sofre ou se regozija com algo, ou seja, um sujeito com necessidades e mesmo com desejos a serem de algum modo compreendidos, atendidos ou frustrados? Compreendidos, atendidos ou frustrados por quem? Agora um exemplo hipotético menos vago. Um bebê chora. Porque está com fome. Ele pode nem saber que tem fome. Mas sua mãe ou seu pai pensam que é isso. Vão até ele e lhe dão comida. Podia nem ser fome, mas eles notam que o choro passa. O bebê nota que aquela coisa passou depois de comer. Depois que lhe deram comida. O bebê agora sente alívio. E também se alivia quem lhe deu a comida.

O importante aqui não é tanto acertar o sentido do choro, mas que a reação ou não reação a ele provoca um efeito naquele que chora que vai além da mera satisfação de uma necessidade física: ser visto ou não ser visto por um outro. A partir dessa correspondência, o gesto de um modulando o do outro, "organiza-se um sentido simbólico que é a comunicação: é a origem arcaica da linguagem" (Dolto, 2010, p. 187).

Não é sem consequência essa linguagem se desenvolver numa espécie de gramática de relações: um bebê e um cuidador que se correspondem a partir de vivências corporais. Se aparentemente tudo isso se deve a um fato biológico – nosso estado ao nascer requer que um outro se ocupe de nós e que dele possamos depender para sobreviver –, tudo isso se desdobra em um fato psíquico: mesmo as nossas respostas mais corporais clamam por um outro. E, mais além, esse clamor por um outro se deve à necessidade de um certo refinamento desse corpo. Um bebê ainda está por nomear e organizar as sensações que fazem parte de seu corpo, mesmo as emoções mais básicas. Para isso, ele precisa de alguém que vá dando sentido e coerência ao que ele sente. Dar coerência não é necessariamente equivalente a decifrar o que se passa com o bebê, e sim a ir construindo um sentido de que aquilo que se passa com ele se passa também entre ele e um outro, é objeto do interesse desse outro. Em outras palavras, trata-se de construir esse corpo como uma experiência que faz sentido, e não como um fluxo de sensações desconexas. E, segundo Dolto, essa construção não se faz de modo autossuficiente, mas sempre numa relação. Por isso, para Dolto, o corpo é praticamente uma experiência em si, seja no sentido de não ser um dado *a priori*, seja no sentido de ser quase sinônimo de relação com o outro.

E o que tem a ver falar de linguagem no meio de tudo isso? A linguagem é tanto representação quanto comunicação, portanto, nela estão os elementos para construção de uma noção de si a partir do corpo e a partir de uma relação. Ela é, ao mesmo tempo, relação intersubjetiva e possibilidade de representação. De certo modo, por meio dela se constroem o próprio corpo e a própria possibilidade de relação. Aqui não estamos falando apenas de linguagem verbal, é claro, mas de todo apelo estruturador de sentidos dirigido a um outro. Os rastros dos nossos apelos a esse outro podem bem ser "um *habitus*, uma somatização, até mesmo uma alergia. São perturbações da linguagem do corpo, que se substitui à linguagem imaginária, mímica ou verbal" (Dolto, 2010, p. 192).

Se insisti até aqui que o corpo não é simplesmente carne ou um dado imediato da experiência, mas sim uma construção feita ao longa da vida de um indivíduo, apresento a seguir dois casos que dão materialidade à discussão. Um deles da própria Françoise Dolto, o qual nos permite ver melhor como as noções corporais ou, em sentido mais global, a imagem corporal se estruturam a partir de relações. O outro, da neurologia moderna, deixa pouca dúvida a respeito do fato de que todo corpo, para ser algo mais que um objeto animado, requer a construção de uma imagem que lhe organize e dê coerência.

O caso Léon e o caso da imagem inconsciente do corpo

Léon é um menino de 8 anos. Um menino "lento, distônico motor, fóbico-histérico, débil, músico", assim o descreve Dolto (2015, p. 315) a partir de seus sintomas e de seu comportamento. Ele não consegue sustentar o peso de seu corpo por conta própria. Seu andar é peculiar. Lento, como uma criança que está começando a se manter de pé, ele tem de se apoiar em tudo que encontra pelo caminho para se locomover. Um teste atribui a ele quociente intelectual baixíssimo, 63. "Ele tem um rosto inexpressivo, olhos redondos, pouco móveis, sem expressão, a boca sempre entreaberta. Ele vive sentado, estatelado" (Dolto, 2015, p. 241). Tem uma fala lenta, demasiadamente escandida, mas é capaz de cantar. Léon é um menino à procura de apoio, à procura de suas costas. Ou de uma cadeira. Assim o podemos descrever com Dolto, a partir de sua história.

E de que história estamos falando? Vão aqui algumas incursões à vida de Léon antes do encontro com Dolto. Primogênito de um judeu polonês radicado em Paris e de uma mãe do interior da França, ele é descrito pela mãe como um menino doce. Apesar de estar, nas minhas palavras, à procura de suas costas, sabe-se pelo relato de Dolto que ele muito cedo se sentou no berço e igualmente cedo tentou sugar seu polegar, coisa que a mãe o impedia sistematicamente de fazer, prendendo as mangas de sua camisa à roupa dele. Sabe-se também que, assim que se sentou, ele foi colocado pela mãe num cadeirão de bebê, onde permanecia quieto durante horas, vendo os pais trabalharem num ateliê de costura. Mais tarde, seu assento passou a ser o penico, na verdade uma espécie de poltrona com latrina embutida, onde ele era preso com um cinto largo e de onde não precisava sair para fazer suas necessidades. Foi sua irmã, pouco mais de dois anos mais nova, quem o libertou desse lugar. Quando Léon tinha 3 anos e meio, quiseram colocá-la em uma poltroninha semelhante, mas a menina se recusou, gritando e arqueando-se. Assim, a mãe passou a deixar os dois sobre um tapetinho. Até então, Léon nunca tinha engatinhado. Ele começa a andar, de seu modo peculiar, ao mesmo tempo que a irmã. Ela com 1 ano e 2 meses; ele, com mais de 3 e meio.

Tempos depois, num outro momento da história de Léon, um professor de piano, do convívio da família, nota no menino o que considera uma habilidade musical excepcional. O professor o assume como aluno. Como Léon não se sustenta sozinho, o professor tem de apoiá-lo para que possa tocar o piano. Ele segura Léon por debaixo dos braços, pelas axilas, e assim o menino pode tocar.

Os pedais ele só alcança com o auxílio de um prolongador. É esse professor, pedindo que a família avalie a motricidade do menino, que acaba deflagrando o encontro dele com Dolto. Na tal avaliação, não se detecta nenhuma causa orgânica para a sua fraqueza neuromuscular, mas ele é diagnosticado com debilidade mental e escolar. Esse diagnóstico faz com que a escola recomende uma internação médico-pedagógica. A mãe, pesando que Léon é muito apegado à família e tem caráter doce, recusa essa possibilidade, temendo os efeitos da separação que ela promoveria. E, assim, Léon chega até o centro onde trabalha Dolto, recomendado também pelo professor de piano.

Se Léon toca piano encostado no professor, ele se desloca de modo parecido pela sala de Dolto, sempre encostado na parede. Curiosamente, sabemos que ele passou um bom tempo amarrado a um cadeirão, encostado nele, enquanto a mãe trabalhava ao seu lado, fato talvez decisivo para sua falta de sustentação própria. É, pois, um menino estatelado. Encostado. Mas a quem, afinal, pertencem essas costas? Vejamos um trecho do relato do tratamento com Dolto, tendo em mente essa pergunta. É um trecho relativamente longo, que reproduzo praticamente sem cortes, para não lhe diminuir o impacto.

> *Ao longo das duas primeiras sessões Léon me parece embrutecido e mudo, ou quase, diante de seu desenho.*[2] *Se lhe faço alguma pergunta . . . Léon não responde. É apenas na quarta sessão que compreendo o que se passa. . . . Léon responde oito dias depois, chegando à sessão, às perguntas que lhe fiz oito dias antes. Quando entendi isso, dizendo a ele, parabenizando-o*

2 Desenho de uma casa. Esse desenho será mencionado mais vezes ao longo do trecho, de modo a ficar claro do que se trata.

por não responder antes de ter refletido bem, pois isto é um sinal de inteligência, seus olhos redondos, um pouco globulosos e inexpressivos até então, puseram-se a brilhar e a expressar alegria. *Eu lhe peço então que faça uma modelagem. Ele parece não ter ouvido. (Estamos na quarta sessão.) Quando ele chega à quinta, sempre com o mesmo desenho e com o mesmo comportamento – se agarrar nas paredes e se estatelar sobre a mesa – imediatamente pega a massa de modelar e modela alguns pedaços dela: quatro morcelas rigorosamente do mesmo tamanho, as quais ele coloca sobre a mesa, uma ao lado da outra; ele se detém nisso. Eu o parabenizo e lhe digo que, certamente, ele tem em seu coração algo que ele procura me dizer através desta modelagem: talvez, que eles são quatro em casa, quatro parecidos, da mesma família; mas, talvez, ele tenha outra ideia. Na semana seguinte, ele chega como sempre lentamente e agarrado à parede, e com o mesmo desenho. Em um silêncio total, ele retoma a modelagem e sua ideia das quatro morcelas do mesmo tamanho que ele refaz exatamente como na sessão anterior; depois, após tê-las contemplado, ele continua a fazer duas morcelas do mesmo tamanho, porém mais finas, sendo que ele continua largado sobre a mesa, os antebraços completamente apoiados e as mãos em parte. Em seguida, ele tenta reunir estes seis pedaços cilíndricos, estes seis objetos parciais, sem que eu compreenda o que ele está tentando fazer.* De minha parte declaro que, certamente, ele está tentando fazer alguma coisa e dizer algo através deste fazer; eu não compreendo o quê, mas desejo compreendê-lo e, talvez, poderemos saber melhor da próxima vez. Um intenso olhar em resposta. *Na semana seguinte, ele se apresenta da mesma maneira quanto ao seu ritmo motor, mas desta vez apenas tocando a parede até o pequeno espaço a ser atravessado para chegar à mesa, espaço este que ele atravessa . . .* sem colocar sua mão sobre a mesa antes de se sentar, para [só então] se apoiar nela *como havia feito todas as vezes anteriores. Seu desenho é diferente, é um barco, tão geométrico e vazio quanto o era a casa, mas o "N" espalhado que estava no céu quando Léon me desenhava uma casa, agora* está sob o barco *(representando, sem dúvida, a água); Léon não me diz uma palavra e logo se põe a modelar. Com a ajuda dos mesmos elementos que utilizava anteriormente, modelando bastante rapidamente as morcelas cilíndricas, e acrescentando ali uma placa razoavelmente bem feita, constrói um assento, e uma placa para o encosto, dizendo-me: "É-uma-cadeira", escandindo as sílabas. Pergunto se a cadeira está contente com seu destino de cadeira, se ele a fez para alguém. Nenhuma resposta . . . Na semana seguinte, ele chega com um desenho do mesmo barco que a vez anterior, mas desta vez, a página não é suficiente para conter o barco. A frente e a traseira, assim como o alto do triângulo das velas, estão fora do quadro da página. O casco do barco chega aos limites do pé da página, assim como as casas dos primeiros desenhos. Ele reencontra alguns elementos da cadeira na caixa de modelagem, os retoma e completa lentamente o objeto com cuidado. "É a cadeira", diz Léon; depois, após um silêncio no qual ele olha atentamente para o objeto e para mim, ele me diz: "Ela está contente de ser uma cadeira". . . .*

Eu digo: "Será que ela espera alguém?" "Sim." "Então, talvez alguém irá se sentar em cima?" Neste momento, ele começa a fazer um homem. Uma massa ovoide, bem lisa; uma bola cefálica lhe é acoplada, depois dois colombinos com as pernas dobradas. Depois um "chapéu", placa triangular pontuda ao alto, como o triângulo das velas do barco, acoplado à bola cefálica. E, sobre a face anterior desta, ele cola duas bolinhas, à guisa de olhos, e, no espaço que as separa, enfia um lápis em um buraco, como o nariz-boca. Nada de orelhas, nem de cabelos, nem pescoço, nem braços. Ele coloca o homem deitado no chão, diante da cadeira. "O que é isso?" Nada de resposta. "Um homem...? Você?" "Sim." "Você quer sentar na tua cadeira?" Nenhuma resposta. "A cadeira quer *que você se sente nela?" Sem dizer nada, ele senta o homem sobre a cadeira e, dobrando as duas pernas, as faz tocar o solo diante dos pés da cadeira; depois, ele apoia fortemente as costas do homem no encosto da cadeira. "Será que o homem está contente?" "Sim." Contemplamos, ambos, longamente, em silêncio, o objeto que ele construiu. Eu: "O que ele está pensando, este homem?" Nenhuma resposta. "Ele é amigo da cadeira?" Nenhuma resposta.* "A cadeira está contente?" *"Oh, sim", diz Léon rapidamente com tom de convicção. E ele acrescenta: "*Ela está mais contente do que o homem." *Eu o observo interrogativamente. "Sim, quando ele partir,* ela ficará com as costas do homem, e ele não terá mais costas." *Ele esboça um leve sorriso sarcástico. Eu lhe pergunto: "Mas, será que ela ficará com sua cabeça, com seu traseiro e suas pernas?" Nenhuma resposta, mas uma mímica que me parece ser a de uma criança*

> *sobre seu penico, que faz força para defecar, inchando seu ventre. Fim da sessão, sem palavras. (Dolto, 2015, pp. 248-250, grifos nossos)*

O caso de Léon destaca, a meu ver, dois aspectos fundamentais quanto à elaboração de representações do corpo próprio, justamente a linguagem e o outro. Vale muito a pena lembrar que os exercícios de motricidade não surtiram efeito. Em certo momento do relato, Dolto chega inclusive a comentar que eles promoveram uma piora no quadro. Cabe igualmente lembrar que isso pode simplesmente apontar a inadequação dos exercícios propostos, e não da psicomotricidade em si, no entanto a comparação da psicomotricidade com o tratamento que Léon experimenta com Dolto nos leva a crer numa eficácia maior deste sobre aquele. Na mesma linha, se retomarmos a história de Léon como a descrevi, fica claro que sua imagem corporal foi toda construída numa teia de relações. Na tradução argentina, isso vem descrito como "obra conjunta", para acomodar tanto o papel do menino (lembrem-se de que sua irmã se recusou a ficar amarrada na cadeira) quanto o de sua mãe nessa construção. Ou seja, para Dolto, falar em imagem do corpo é falar em relação com o outro, já que essas imagens são tanto imagens de si quanto imagens fruto de uma relação. Não à toa as costas de Léon eram também as costas da cadeira e ele falava dela como se fosse tão ou mais viva do que ele; nota-se como, em alguns momentos do diálogo, ele só responde à pergunta de Dolto se a cadeira é o sujeito da frase, e não o agente passivo. Não à toa, ele se desloca pela parede da sala, repetindo o modelo cadeira-costas-eu. Não à toa ele pode se deslocar "por conta própria" quando passa a ser apoiado, de forma abstrata, pela relação e pelas representações que dela derivam – estou pensando aqui, principalmente, no fato de a sessão em que ele "se anda" da parede à mesa ser a mesma em que faz o primeiro desenho do barco, que está apoiado nas água e, portanto, tem a possibilidade de deslizar; o desenho da casa, por sua vez, é implantado "no chão da folha" e sobrepujado pelo "N" que representa o céu. Ou seja, já nesse desenho haveria indícios de que Léon passara a conceber a possibilidade de um contato entre dois objetos que permitiria um deslocamento mais fluido.

Para além da questão da técnica ou do método, talvez seja plausível sugerir, como o fez Dolto, que a psicomotricidade possivelmente tenha falhado também por não propiciar um tipo de relação adequada à expressão e à elaboração das fantasias de Léon sobre seu corpo. Aí entra o papel crucial da linguagem. Gostaria de propor que a fala de Dolto sobre as morcelas de argila, de que ela não sabe do que se trata, mas pensa se tratar de algo, e de algo importante, é um dos pontos de virada para a melhora de Léon.[3] Parece ter sido isso que abriu um campo de troca entre ela e o menino que permitiu mudanças na imagem de corpo.[4] Nesse sentido, vemos que a imagem do corpo é "substrato relacional com outro" (Dolto & Nasio, 2008, p. 12) e, portanto, um campo de linguagem. Segundo Dolto (2015), "a imagem do corpo reporta o sujeito do desejo a seu gozar, mediatizado pela linguagem memorizada da comunicação entre sujeitos" (p. 15). Não fosse a linguagem, esse outro ficaria refém da pura sensorialidade e do corpo a corpo, não podendo ser representado. Nesse sentido, cabe também notar que a fala de Dolto a Léon introduz uma diferenciação essencial entre "eu" e "não eu": ela não sabe o que

3 Sobre a melhora, ela não se restringe ao que foi reproduzido nas páginas anteriores. Após as sessões citadas aqui, a mãe de Léon diz a Dolto, em carta, que ele "ia muito bem. . . . Na escola, ele começava a ler bem, escrever e contar, tendo boas notas a cada vez. Ele se divertia em saltar de um pé só, começava a brincar e a correr" (Dolto, 2015, p. 255).

4 Embora, por questões de redação, essa hipótese tenha sido apresentada na primeira pessoa do singular, ela foi levantada num grupo de estudos coordenado por Luciana Pires e se trata muito mais de uma elaboração coletiva do que individual.

se passa com o menino, porque se passa com ele. E, apesar disso, gostaria de estabelecer um diálogo. Assim, temos um campo propício para a elaboração de representações que permitam uma melhor configuração de duas categorias fundamentais da experiência, eu e outro.

Há ainda outro elemento que o caso de Léon nos permite destacar quanto ao que Dolto chama de imagem inconsciente do corpo. Não se trata simplesmente de fantasias que são construídas para o corpo ou a partir de sensações corporais. Tampouco se trata de fantasias a respeito da relação com o outro e construídas a partir dessa relação, como se a criança imaginasse esse corpo e essa relação da maneira que bem entendesse e isso parasse por aí. Não. Escrevendo sobre a produção gráfica das crianças durante sessões de análise, Dolto comenta que "a imagem do corpo não é a imagem desenhada ali, ou representada na modelagem; ela está por ser revelada pelo diálogo analítico com a criança" (Dolto, 2015, p. 9). E por que haveria a necessidade de tal diálogo na explicitação da imagem inconsciente do corpo? Em primeiro lugar, porque se trata de uma imagem inconsciente por excelência, ou seja, nem a criança pode descrevê-la diretamente nem o analista pode captá-la como um dado perceptivo imediato. Em segundo lugar, porque, embora seja uma imagem representativa de um corpo específico, ela é uma imagem estruturante da relação com o outro, portanto, precisa desse outro para se revelar por completo.

Como Dolto poderia imaginar que León não considerava ter costas se ele não andasse por sua sala como se de fato não as tivesse? Sem esse dado, até o que ele diz sobre a modelagem da cadeira poderia ser tomado como uma fantasia sem maior consequência. Mais além, é tomando a relação com Dolto como o contexto de produção dessa modelagem que podemos aplicar a metáfora da cadeira que fica com as costas do menino para representar a expectativa que ele tinha quanto à relação com o outro. Sua demora em responder seria só porque pensava muito naquilo que responderia ou porque tinha medo de engatar uma relação, como se o outro pudesse se apossar de partes dele? Mas se o outro pode se apossar de partes dele, que outro é esse que não se distingue bem de um "eu"? Ou seja, poderíamos mesmo falar de "eu" e "outro" ou estaríamos aqui num momento anterior à elaboração dessas noções? Portanto, embora Dolto tenha cunhado o termo como "imagem inconsciente do corpo", dando margem a entendermos que se trata de uma imagem concreta que corresponderia a uma representação sem consequências do corpo, o conceito tem uma amplitude muito maior: não se trata de um mero conteúdo imagético, mas de uma forma de estruturar a noção de si.

Em que pese esse caráter estruturante e os efeitos dele no corpo de Léon, é impressionante relembrar que não havia qualquer lesão orgânica. Retomar isso nos ajuda não só a esclarecer mais a fundo o conceito de imagem inconsciente do corpo, como também a fazer uma crítica apropriada dele. Dolto o distingue de esquema corporal, entendido por ela como a abstração das vivências do corpo, a qual seria estruturada "pela aprendizagem e pela experiência. O esquema corporal reporta o corpo atual no espaço à experiência imediata. Ele pode ser independente da linguagem entendida como história relacional do sujeito com os outros" (Dolto, 2015, p. 15). A imagem do corpo, por sua vez, se estruturaria na relação com o outro e poderia até ter independência do esquema corporal. O problema é que, se formos olhar os fenômenos da clínica neurológica, veremos que o esquema corporal nem sempre reporta o corpo atual ao espaço e à experiência imediata, porque justamente ele também é uma representação, e não uma espécie de fotografia (outro modo de representação, diga-se de passagem) fidedigna do corpo. Apesar de considerá-lo uma abstração, Dolto não vai até o final com a ideia de que o esquema corporal é precisamente uma representação do corpo, afirmando que "o esquema corporal é uma realidade de fato, sendo de certa forma nosso viver carnal no contato com o mundo físico" (Dolto, 2015, p. 10). Na verdade, hoje está claro que o esquema corporal, embora se origine do corpo real, não é uma realidade de fato, mas uma representação não necessariamente realista da materialidade desse corpo. É o que demostram, por exemplo, certos casos de pacientes neurológicos que sentem ter um membro que já não faz parte de seu corpo real.

O caso do membro fantasma e o caso do esquema corporal

Se o esquema corporal de fato reportasse o corpo *atual* ao espaço, como seria possível que um indivíduo com o braço recém-amputado continuasse a sentir esse braço e até a sofrer de dores nessa região, uma região que não existe mais? É esse o fenômeno chamado pela neurologia de membro fantasma. Acompanhemos um relato de Vilayanur S. Ramachandran (2011), especialista no tema:

> *Eu me lembro de um paciente chamado Victor, com quem conduzi quase um mês de experimentos frenéticos. Ele veio se consultar comigo porque seu braço esquerdo fora amputado do cotovelo para baixo havia três semanas. Eu primeiramente verifiquei que não havia nada de errado com ele neurologicamente: seu cérebro estava intacto e sua mente estava normal. Com base num palpite eu o vendei, tirando-lhe temporariamente a visão, e comecei a tocar várias partes de seu corpo com um cotonete, pedindo que ele me contasse o que sentia e onde. Suas repostas foram todas normais e*

> *corretas até que eu comecei a tocar o lado esquerdo da sua face. Aí algo muito estranho ocorreu.*
>
> *Ele disse, "Doutor, sinto minha mão fantasma. Você está tocando o meu polegar".*
>
> *Eu usei um martelo de joelho para acariciar a parte inferior da sua mandíbula. "E agora?", perguntei.*
>
> *"Eu sinto um objeto pontiagudo se movendo do meu mindinho para a palma da minha mão."*
>
> *Repetindo esse procedimento descobri haver todo um mapa da sua mão perdida na sua face. (p. 25)*

O esquema corporal pode, portanto, corresponder ao corpo atual, mas nem sempre é esse o caso. E nem sempre ele reporta esse corpo ao espaço, embora fique claro que o esquema corporal esteja implicado na organização da noção de espaço. Afinal, é por meio dele que nos damos conta, ou não, de até onde vai o nosso corpo. Ou, em outras palavras, de quanto espaço nosso corpo ocupa e de quanto espaço não ocupa. Isso é possível justamente porque o esquema corporal é uma representação do corpo, sem a qual nós não poderíamos fazer nada com esse objeto, mesmo sendo nós seu legítimo dono. Essa representação pode corresponder ou não ao corpo atual, assim como as representações de Léon não correspondiam a seu corpo real. Nas palavras de Ramachandran (2011) sobre o caso de Victor, "não há mais um braço, mas ainda há um mapa do braço no cérebro. A função desse mapa, sua *raison d'être*, é *representar* esse braço" (p. 26, grifo nosso).

Se retomarmos toda a discussão feita aqui a partir de Espinosa e Damásio, ficará claro como aquilo que se chama de esquema corporal é na verdade também estruturante da mente. Um membro fantasma jamais poderia existir se a mente não tivesse um papel crucial na vivência do próprio corpo, mas essa mente igualmente não existiria se não houvesse um objeto que ela pudesse representar. Poderia a mente se originar da representação de um outro corpo ou objeto que não seu próprio corpo? Como lembra Michael Della Rocca (2008) sobre Espinosa, o corpo próprio é o único objeto que essa mente experimenta em primeira mão, ela o sente de maneira diferente e única. Todos os outros objetos, inclusive outros corpos, ela experimenta por meio do corpo que lhe origina e, não só isso, ela os representa por meio desse corpo, das representações que tem desse corpo. Basta lembrar que aquilo que percebemos visualmente é na verdade resultado da construção de imagens mentais a partir de um processo cerebral.

Visto que também o esquema corporal é representação e é estruturante da mente, e não só de um "viver carnal", diferentemente do que as afirmações de Françoise Dolto podem levar a crer, o que fazer de sua ideia de imagem inconsciente do corpo? Mais ainda, o que pensar dos fenômenos que ela pretendeu explicar com esse conceito? Num esforço de concisão, o fenômeno chamado de imagem inconsciente do corpo pode ser descrito como – e é este o ângulo de leitura que gostaria de sugerir – metáforas ou representações das alterações corporais nas trocas com o ambiente, portanto com o outro, advindas de um período em que a experiência do sujeito ainda se dá em termos bastante indiferenciados. Essas metáforas não são meras imagens ilustrativas, mas, como já dito, estruturantes tanto das relações mais subjetivas quanto da mente e do corpo. Essas alterações corporais seriam, sem dúvida, registradas no próprio esquema corporal e, portanto, seriam também representações. Do mesmo modo, a própria imagem inconsciente do corpo teria de estar registrada no esquema corporal, ser parte desse mesmo conjunto de representações. Afinal, como poderia existir algo num corpo-mente que escapa à sua estrutura básica de representação?

Eu e outro, finalmente

Israel Rosenfield (1993), autor estadunidense, tem algo mais a dizer sobre essa estrutura básica de representação. Perguntando-se sobre a natureza da memória, ele conclui que sua característica essencial é a de ser sempre a memória de alguém. Esclarecendo, ela não é a memória sobre alguém, ela pode ter o conteúdo que for, mas é invariavelmente a minha memória. Ou seja, a estrutura da memória é autorreferente, ela se volta sobre quem a constrói. Rosenfield elabora um modelo para essa autorreferência: cada memória estaria registrada no esquema corporal e representaria a relação das sensações corporais de um momento com uma ideia geral do corpo, que ele chama, coincidência ou não, de imagem do corpo. Memória aqui não quer dizer lembrança ou capacidade de evocação, mas capacidade de representação de si e do mundo.

> *Quando eu me olho no espelho, reconhecer-me baseia-se numa consciência [*awareness*] de mim mesmo complicada e dinâmica, um sentido carregado de memórias de quem eu sou. Não é que as minhas memórias existam como imagens armazenadas no meu cérebro, seja consciente ou inconscientemente; o ato da memória ocorre de um modo tal que eu me reporto a mim mesmo, ou aos outros, ou a experiências passadas ou a estímulos percebidos anteriormente. (Rosenfield, 1993, p. 8)*

Pode ser difícil entender a memória como algo diferente das lembranças que ocorrem à nossa mente, visto que essa é uma definição profundamente arraigada. O que Rosenfield propõe é que entendamos a memória não como conteúdo, e sim como estrutura. Nesse sentido, a lembrança é uma manifestação dessa estrutura, não sua essência. Do mesmo modo, essa estrutura, no sentido de permitir autorrepresentação, seria a mesma estrutura da noção de si e também da possibilidade do conhecimento do outro. Conhecimento do outro? Para entrarmos em uma relação, necessitamos da percepção para acessar esse outro e nos percebermos acessados por ele. Percepção requer, necessariamente, um ponto de vista do qual captamos algo; ela não ocorre descolada do espaço, nem fora da organização do tempo. Para Rosenfield, é o que ele chama de imagem do corpo que fornece esse ponto de enquadramento para a percepção. Ou seja, a percepção do outro passa necessariamente pelas representações que se tem de si, fazendo ecoar mais uma vez a ideia de Espinosa de que o objeto criador da mente é o corpo e de que é da representação desse objeto que derivam as demais representações. Daí a ideia de que cada memória nova é o registro das alterações de uma representação anterior, o esquema corporal.

Com os fenômenos sob o guarda-chuva de imagem inconsciente do corpo, Françoise Dolto pode dar uma importante contribuição a essa pesquisa de como se estruturam as representações mais básicas de um sujeito. Afinal, Dolto pesquisou esses fenômenos em crianças e bebês, portanto, em um momento da vida em que a percepção não está regida ou organizada pelas mesmas categorias que está na vida adulta. Se Rosenfield mostra que toda percepção implica uma imagem do corpo, como se dá isso quando essa imagem é construída pela experiência de um bebê ou de uma criança que ainda não completou diferenciações básicas? Os casos de Dolto têm muito a contribuir justamente aí, mostrando que tipo de imagem de corpo pode surgir quando as condições de construção dessa imagem são muito diferentes daquelas que se encontram num adulto. Como seriam essas condições, típicas dos momentos iniciais da vida, fica mais claro se retomarmos brevemente o que outro autor, Jean Piaget, mostrou sobre o desenvolvimento do pensamento na criança.

Por meio da observação de comportamentos das crianças e de explicações sobre eventos do mundo dadas por elas, Piaget (2005) buscou deduzir quais *a priori* levavam-nas a agir ou pensar daquele modo como agiam ou pensavam. O que ele conclui é que esses elementos apriorísticos diferem totalmente dos pressupostos da lógica adulta, não apenas em grau, mas mais exatamente na sua essência. A criança experimenta o mundo, segundo Piaget, por um pressuposto realista, em que não há diferenciação entre signo e significante, interioridade e exterioridade, evento psíquico e evento físico. Realista porque ela permanece presa à aparência da realidade, sem entender que o que percebe não é uma verdade absoluta, mas uma verdade relativa a um ponto de vista específico e a uma interpretação particular da realidade. Por organizar assim sua experiência, o "eu" da criança se confunde com o mundo, o que fica claro quando se nota que uma criança crê que com seu gesto ou pensamento pode interferir diretamente na realidade, causando nela efeitos imediatos. É o que se convencionou chamar de pensamentos e atitudes mágicos.

Pois bem, que experiência de corpo se tem quando criança se ainda nem nos diferenciamos do resto do mundo? Piaget (2005) lembra que mesmo a localização das sensações de dor não ocorre espontaneamente. Um bebê, por exemplo, não sabe que uma sensação de dor é relativa ao seu corpo, ele a vivencia num plano absoluto, sendo natural supor que o outro, cuja imagem participa de seu campo perceptivo tanto quanto a sensação de dor, também sente e conhece aquela dor. Assim, fica bastante claro que a criança, como mostram Dolto e o caso Léon, funde sua imagem de corpo com o ambiente e com seus outros mais significativos, simplesmente porque, para ela, esses dois polos, eu e outro, são ainda uma única coisa. Não é nem muito preciso falar em fusão, pois isso já pressupõe duas instâncias relativamente diferenciadas que se fundiriam numa só. Seria mais preciso, então, afirmar que a criança, por não se diferenciar daquilo que lhe é exterior, age e pensa como se ela e o outro, seja esse outro uma pessoa ou o mundo, fossem uma coisa só. É levando em conta esse estado de indiferenciação que fica também mais claro por que essa imagem do corpo pode ser elaborada em termos tão aparentemente surrealistas e fragmentários: nem a noção de eu, que vem dar coerência à vivência do corpo, nem a noção de realidade, como algo que tem lógica própria e independente da vontade do sujeito, se estabeleceram na criança, por isso ela só pode construir representações, em maior ou menor grau, incoerentes com aquilo que chamamos de realidade.

O que o caso Léon explicita num grau elevadíssimo é a consequência de um momento natural do desenvolvimento da criança. É claro que ele está, no estágio em que chega a Dolto, atrasado nesse desenvolvimento, pois espera-se que uma criança de 8 anos já tenha alcançado um grau muito maior de diferenciação entre "eu" e "outro". Em Léon, nota-se como ele quase literalmente não se distingue da cadeira, representante do "outro".

Continuando com Piaget (2005), fica mais fácil entender o papel das relações com os outros na constituição dessas diferenciações. Dado que elas não estão prontas na criança nem vão eclodir espontaneamente, requerendo um trabalho de construção, as relações são a experiência constitutiva desses esquemas de pensamento, que tendem a uma abstração cada vez maior. Caso elas reforcem o caráter indiferenciado do "eu" da criança, acabam por atrapalhar a construção desses esquemas e a elaboração do "eu" em termos abstratos, que enfim permitiria diferenciá-lo daquilo que, aí sim, se poderia chamar com precisão de "outro". Finalmente, eu e outro. Aliás, é porque a criança não tem os esquemas que lhe permitiram fazer essa construção "eu e outro" *in natura* que ela precisa vitalmente de relações que lhe permitam formá-los, e é por isso que as primeiras representações do corpo são bizarras para o ponto de vista adulto: elas são indiferenciadas e no limite não pressupõem nem "eu" nem "outro".

Conclusão

A Françoise Dolto parecem ter feito falta, então, elementos mais adequados para definir o que é esquema corporal e qual sua relação com o que ela chamou de imagem inconsciente do corpo. À neurociência parecem faltar os elementos da experiência de uma outra clínica e do desenvolvimento infantil. Que esquema corporal uma criança pode formar sendo que sua experiência se dá em termos indiferenciados? Ele seria o mesmo que o de um adulto? A formação de um esquema corporal é afetada pelas relações intersubjetivas, lembrando que elas podem ser vividas em termos bastante indiferenciados, ou escapa a isso? E qual o impacto de tudo isso na estruturação da mente?

O que se pretendeu com este texto foi mostrar que, como a mente se constrói a partir da representação do corpo, aquilo que Françoise Dolto chamou de esquema corporal e o que chamou de imagem inconsciente do corpo talvez sejam a mesma coisa, no sentido de serem parte da mesma estrutura de representação. A criança não pode viver um esquema corporal que ela ainda não tem, e ele provavelmente é muito mais parecido com o que Françoise Dolto chamou de imagem inconsciente do corpo do que com as descrições dadas pela neurociência, muito mais apropriadas à vivência do adulto. Por outro lado, a neurociência parece mostrar um lapso semelhante no pensamento de Dolto, que entendeu por esquema corporal algo muito mais literal e menos dinâmico do que ele parece ser.

Críticas feitas, valem algumas ressalvas. Dolto não tinha os dados fornecidos pela pesquisa atual e a medicina da sua época mal tinha começado a compreender o que é esquema corporal. Tampouco a neurociência tem mais condições de usufruir do conhecimento revelado por um outro tipo de clínica e de ponto de vista, o psíquico. Essas constatações tratam, em primeiro lugar, de fazer notar como as teorias são aquelas possíveis para seu momento e sua condição de elaboração. Newton claramente não poderia ter concebido a física quântica, pois faltavam à época os elementos para isso. Mas seguramente a física quântica não poderia existir se antes não tivesse havido Newton e suas teorias. Cada teoria é, portanto, um momento – provisório – na história do conhecimento e uma etapa para o surgimento de outras teorias. Em segundo lugar, constatar a relatividade dos dois modelos teóricos trabalhados aqui serve ao propósito de mostrar como estamos ainda por elaborar um paradigma que eventualmente supere essas diferenças.

E por que superá-las? Porque talvez esses dois modelos teóricos estejam versando sobre o mesmo fenômeno. Tanto Françoise Dolto quanto os neurocientistas ou neurologistas discutidos aqui coincidem na observação de que uma pessoa não se relaciona de modo imediato com a materialidade do seu corpo, mas sim por meio de uma imagem ou de um esquema, enfim, um conjunto de representações. Mais do que isso, os dois modelos teóricos levam em conta o papel do corpo e dessas representações na estruturação de um todo, seja ele nomeado como sujeito ou como mente. Não estaríamos, portanto, falando de como surge um algo a mais nesse corpo, que ao surgir lhe dá vida e sentido próprios? O que Dolto estudou do ponto de vista das relações e da psicanálise não seria suficientemente próximo do que certa neurociência ou neurologia estudou do ponto de vista da clínica médica e das pesquisas com o cérebro? O que se chama de mente, em neurociência, e o que se chama de psiquismo, em psicanálise, não seriam dois pontos de vistas distintos para o mesmo fenômeno? Num esforço de abstrair desses dois pontos de vista um terceiro, poderíamos chamar esse fenômeno de "eu", dando a esse nome um novo significado?

Não há neste texto a pretensão explícita de responder a esses questionamentos, mas a de deixar clara a relevância de fazê-lo. Levar em conta os fenômenos de uma clínica que se ocupa das relações subjetivas e aqueles que dizem respeito ao cérebro pode abrir um nova avenida na pesquisa de como se estrutura a mente, qual o papel do corpo nesse processo e, em última instância, como surge o que chamamos vulgarmente de "eu".

Curiosamente, a neurociência e a neurologia falam muito pouco de "outro", uma categoria tão necessária à de "eu" que podemos considerá-las como duas faces de uma mesma moeda. Afinal, como definir o que é um "eu" sem recorrer a tudo aquilo que é exterior a ele, "não eu", portanto "outro"? Piaget mostrou bem, como descrito anteriormente, que essa definição não se trata apenas de definição intelectual, mas de uma verdadeira organização da experiência do sujeito. A psicanálise se ocupou e se ocupa muito do papel desse "outro" e das relações que se tecem com ele, tendo muito a contribuir. Por outro lado, se essas relações só podem acontecer a partir de um corpo, fica impossível não levar em conta tudo aquilo que outras áreas podem aportar sobre uma parte ainda bastante misteriosa do corpo humano, o cérebro, mas da qual nada que nos ocorre parece escapar, estando ali inscrito nosso próprio corpo, numa relação instigante de representação não propriamente literal e nada sem consequências do todo (o corpo) pela parte (o cérebro).

Kant foi capaz de tornar sem sentido a polêmica entre aqueles que acreditavam ser a realidade pura representação ou pura imaginação e os que acreditavam ser ela percepção direta das coisas, mostrando que só pode haver percepção se há algo a ser percebido, mas que essa percepção é uma interpretação ou versão da coisa em si, e não uma transposição direta dela. Talvez o curso dessas áreas do conhecimento, neurociência, neurologia, psicologia e psicanálise, possa nos levar a um episódio semelhante. Da nossa parte, daqueles que estão neste momento da história e não no momento seguinte, cabe colocar em suspensão nossas teorias, já que precisamente não são elas "a coisa em si". Seria bom fazê-lo para não corrermos o risco de enrijecer nosso corpo teórico a tal ponto que ele deixe de representar a realidade dos fenômenos que pretende explicar. Quando isso acontece, temos um problema semelhante a Léon, preso a uma imagem de corpo que não lhe permitia explorar o mundo e crescer com ele. Mudar de paradigma não seria, no nosso caso, psicanalisar a neurociência nem tornar neurocientífica a psicanálise ou a psicologia. Seria caminharmos para um paradigma que não resvala nem no corpo desalmado nem na mente desencorpada, mas incorpora os dois pontos de vista, psíquico e neurológico, em um todo coerente. Muita pretensão ou utopia? Talvez, mas, de algum modo, os modelos discutidos aqui chegam quase lá. Já é um começo. Para terminar com uma nota de ironia, se não tivermos a ousadia e o bom senso de sabermos que as teorias são apenas isto, teorias, correremos o risco da obsolescência (auto)programada. Ainda bem.

Referências

Damásio, A. (2004). *Loooking for Spinoza: joy, sorrow and the feeling brain*. London: Vintage.

Damásio, A. (2012). *Self comes to mind*. London: Vintage.

Della Rocca, M. (2008). *Spinoza*. London: Routledge.

Dolto, F., & Nasio, J.-D. (2008). *A criança do espelho*. Rio de Janeiro: Zahar.

Dolto, F. (2010). *O caso Dominique*. São Paulo: WMF Martins Fontes.

Dolto, F. (2015). *A imagem inconsciente do corpo*. São Paulo: Perspectiva.

Piaget, J. (2005). *A representação do mundo na criança*. Aparecida: Ideias e Letras.

Porter, R. (Ed.). (2001). *The Cambridge illustrated history of medicine*. Cambridge: Cambridge University Press.

Ramachandran, V. S. (2011). *The tell-tale brain*. New York: W. W. Norton & Company.

Rosenfield, I. (1993) *The strange, familiar and forgotten: an anatomy of consciousness*. New York: Vintage.

Spinoza, B. de (1996). *Ethics*. London: Penguin.

Parte III
Clínica

Comentário sobre o caso Claudine, de Dolto

Carmen Molloy

Julia Pires Ferreira

A primeira edição do livro de *Psicanálise e pediatria* em francês é do ano 1971, mas o trabalho, que foi a tese de doutorado de Françoise Dolto, foi finalizado em 1939. Ou seja, quase 32 anos se passaram até sua publicação.

Sua autora já praticava a medicina e a psicanálise há muito tempo. Foi no ano de 1934 que se iniciou como médica externa no Hospital de Vaugirard, instituição esta que tinha na época o único serviço de Paris especializado em neurologia e psiquiatria infantil. Dolto desejava fazer sua formação em pediatria.

Sua análise pessoal, que durou cerca de três anos, tinha lhe permitido "observar" (é a palavra que ela própria usa) diversos problemas das crianças por uma perspectiva diferente da do médico organicista. Os distúrbios afetivos e sociais, as reações à hospitalização e aos cuidados médicos e cirúrgicos, além de outros fatos corriqueiros do hospital a convocavam a se colocar em outro lugar.

No Hospital de Vaugirard encontrou-se com o que foi, segundo ela, a experiência que a marcou definitivamente: a prática clínica da sra. Sophie Morgenstern. Tendo sido analisada por Freud, Sophie sustentava uma posição de "escuta e observação" sem dogmatismos prévios. A sua originalidade é o que sustentava essa prática dentro de um serviço hospitalar de psiquiatria e neurologia que oferecia a exclusividade de um atendimento psicológico e psicanalítico diferenciado. Seu trabalho significava uma irrupção da singularidade do "sujeito" no meio das classificações diagnósticas.

Ela sustentava uma posição bem diferente da dos médicos, plena dos apriorismos cientificistas próprios da época, por exemplo, as insistentes suspeitas de herança sifilítica ou tuberculosa aplicadas em demasia para categorizar todo tipo de sofrimento.

Ela pede a Dolto que receba as crianças e as "escute", e não foi fácil para Françoise no início fazer efetiva essa regra fundamental da análise. Isso fica bem evidente no relato dos casos clínicos da segunda parte do livro *Psicanálise e pediatria*, em que ela se faz presente como analista, de uma forma sempre ativa e intervencionista, e receita algum medicamento, "mas para ajudar a criança a abandonar seu sintoma" aconselha, sugestiona e interpreta.

Apesar de querer se formar como pediatra ou como "médica de educação", e não como analista, em pouco tempo compreende que o trabalho que é chamado de "cura analítica" acontece e produz efeitos quando aquele que fala, embora seja uma criança, tem a certeza de que o outro o escuta interferindo o menos possível no que tem a dizer. Essa era a regra geral, mas não a impedia, nem ela se poupava, de usar todos os artifícios possíveis para conseguir a confiança e a adesão da criança e dos pais ao tratamento.

O que realmente chama a atenção é que ela fazia uso desses artifícios dentro de uma "leitura" muito particular do caso que estava em questão. Ficava longe de atribuir o que escutava só a problemas psíquicos causados pela "carência de cuidados maternos", por exemplo. Nas curas em que ela se implicava, dava total importância à palavra da criança enquanto palavra articulada em sintomas e também articulada aos dizeres dos pais, portanto matéria-prima indispensável para utilizar nas sessões com as crianças.

Nesse momento da sua prática, não valorizava somente a palavra falada pelo paciente, mas toda forma de expressão significante: além do que ela chamava de "conversas", também se utilizava de brincadeiras, modelagens, desenhos, pondo à prova ou subvertendo as normas estabelecidas pela ortodoxia psicanalítica no "tratamento-padrão" (Lacan, 1955/1998).

Se ela se tornava persuasiva, se tranquilizava ou interditava a criança ou os pais, se explicava ou dava conselhos, isso era feito dentro de um campo de linguagem que lhe permitia a leitura dos efeitos do discurso e da história familiar, especialmente da história edípica dos pais, e implicando-se na sua posição na transferência, aconselhando ou interpretando.

Entendia esse trabalho como uma leitura quase estrutural da posição da criança e seus sintomas em uma trama mais ampla, que permitisse chegar ao acontecimento causador. Como finalidade terapêutica, apostava mais na mudança subjetiva e na vida do que em mudanças sintomáticas. Foi absolutamente pioneira no uso de conceitos próprios, subvertendo as formas conhecidas dos tratamentos da psiquiatria infantil e até de alguns analistas de crianças que focavam a cura centrada nos sintomas e que estavam categorizados dentro do que Lacan chamava de "tratamento-padrão".

Ela não abre mão de supor um sujeito na criança, e isso desde o nascimento, uma espécie de "sujeito inato"; assim, não hesita em responsabilizá-la e por isso lhe fala, oferece sua presença e suas palavras até nos casos mais graves, autorizando-se a inventar e inovar fora dos cânones estabelecidos (o que lhe valeu não poucas críticas e fortes acusações).

A forma como lê as queixas, as histórias familiares ao redor da criança, e como isso serve para desconstruir o que ela chama de "posições sintomáticas inconscientes" se aproxima parcialmente do que Lacan trata nas cartas a Jenny Aubry sobre as relações da criança com o fantasma e o sintoma. Ele sustentava que Dolto fazia, na sua prática clínica, aquilo que ele teorizava, muitas vezes sem tê-lo lido ou compreendido (Lacan, 1969/2003).

Apesar de reconhecer o peso de suas "intuições clínicas" no processo do tratamento, também "criava" conceitos para falar diretamente ao inconsciente das crianças. Não se interessava em compreender e aceitava tranquilamente a verificação de que sintomas graves se curavam sem ela ter entendido o porquê. Sua fé na mobilização pulsional produzida pela escuta, na interpretação das produções infantis e na operatividade das equivalências simbólicas era suficiente, sem que fosse necessário apelar à compreensão psicológica.

Na época em que os casos incluídos em *Psicanálise e pediatria* foram tratados, Dolto levava adiante sua prática hospitalar escapando às antecipações normativas diagnósticas e ficando indignada quando, com frequência, a vida de uma criança e da sua família ficava marcada para sempre por um diagnóstico que determinava um lugar social discriminatório. Para reduzir esses efeitos ao mínimo, colocava-se perante as demandas médicas e familiares em uma posição de escutar sem julgar e acolher com igual atenção tudo o que estava sendo dito. Havia um especial cuidado em não culpabilizar a criança pelos seus problemas e muito menos intimidá-la. Dolto partia da premissa de que o método freudiano da associação livre não era possível no trabalho com as crianças, por isso propunha o jogo, o desenho, a modelagem e as "conversas" como forma de abordagem das produções do inconsciente. Neste ponto, sua posição é muito clara no sentido de utilizar a conversa para provocar a fala da criança sem responder diretamente às perguntas ou respondendo dentro das significações presentes sem colocar em jogo sua pessoa, ou melhor, valendo-se dela na sua posição transferencial.

Apesar de as demandas dirigidas a ela tratarem da repetição de sintomas cotidianos que apareciam sistematicamente na rotina do hospital, ela respeitava à risca a singularidade das falas de cada criança e de cada discurso familiar que recebia. Submetia-se ao "sem sentido" dos significantes que ouvia e os valorizava muito mais do que os referentes teóricos das escolas de psicanálise, que quebrava constantemente, para espanto dos analistas, que queriam entender de onde provinha a eficácia da sua prática clínica.

Retomando a história dos seus começos, lembramos que foi assistindo ao trabalho de Sophie que Dolto inaugurou sua formação como médica pediatra e como analista, provinda unicamente da sua experiência de análise pessoal e de sua enorme disposição em ajudar, sem enquadrar as crianças afetadas por todo tipo de problemas.

Posteriormente, passará a desempenhar uma nova função dentro do hospital, a de fazer a consulta prévia à hospitalização, chamada de "a porta", em que recebia os casos que os colegas não queriam tratar e que normalmente eram sempre os mesmos: inibição escolar, fobias, insônias e pesadelos, tiques, gagueiras, enurese prolongada, encoprese, perturbações do caráter etc.

Essas entrevistas acabavam se transformando em terapias breves e ela refere ficar cheia de dúvidas diante de tantos casos em atendimento. Nessa época, o que não conhece acerca da teoria psicanalítica, ela cria. Sua inventividade para usar neologismos próprios a cada criança é enorme.

Apesar de comentar seus casos e discuti-los com Sophie Morgenstern, manifesta-se a necessidade de iniciar um estudo psicanalítico mais aprofundado e sistemático. Começará nesta época sua formação analítica e a continuidade de uma prática que não abandonará mais.

O livro, sua tese em medicina, é dedicado aos pediatras especificamente, e de forma mais geral aos médicos, na esperança de chamar a atenção para a necessidade de conhecer "o funcionamento geral do psiquismo e do tratamento psicanalítico" (Dolto, 1971, p. 7).

Sendo ela mesma uma médica interessada nos problemas da infância, reconhece a impossibilidade de tratar certas manifestações organicamente inexplicáveis pela via da medicina tradicional, sendo consideradas em sua quase totalidade como herança sifilítica, enviando os pacientes de um médico a outro, o que os fazia desanimar, ao passo que um tratamento psicanalítico poderia fazê-los melhorar, se não curá-los.

A primeira parte do texto trata de teoria psicanalítica e dos conceitos que utiliza na clínica com crianças; na segunda, relata dezesseis casos clínicos em que é possível acessar a forma como trabalhava nessa época.

É muito importante destacar que o comentário sobre o caso Claudine, caso de número 14 da série de dezesseis relatos, está baseado nesse momento histórico, independentemente de ela ter, mais tarde, aprofundado ou criado novos conceitos introduzindo modificações em suas interpretações, no trabalho com os pais e assim por diante.

Os dezesseis casos podem ser considerados verdadeiras terapias breves, consistindo em um número de encontros que variava entre dez e quinze, com a criança e/ou seus pais. O relato do caso

Claudine foi escolhido por ser paradigmático, mas todos eles têm características semelhantes, sintomas comuns e tornam presente a forma como a psicanalista faz suas intervenções e registra os efeitos delas.

A seguir, o caso de Claudine. Trata-se de uma paráfrase com vistas à análise que será realizada.

Claudine, 6 anos e 9 meses, é levada ao Hospital Bretonneau pelos pais em virtude de incontinência urinária, recusa de alimento e "nervosismo", como a mãe caracteriza. A criança é atendida por Dolto em cinco encontros. Desses encontros, a médica-psicanalista faz registros que serão reportados.

Em um primeiro momento, Dolto faz apontamentos médicos sobre a paciente, que, apesar de magra, não apresenta sintomas físicos fora do considerado normal. Pai e mãe são saudáveis e o irmão mais velho, Daniel, de 12 anos, é igualmente saudável. Em seguida, atenta-se para um histórico familiar de tuberculose pulmonar: dois tios, paterno e materno, morrem da doença antes mesmo de Claudine nascer.

A mãe relata para a médica que a menina faz xixi nas calças com frequência tanto no ambiente escolar quanto no seio familiar. Na escola, a professora, que antes permitia que Claudine saísse quantas vezes achasse necessário, começou a limitar suas saídas, que, de tão frequentes, perturbavam a aula. Em casa o incidente acontece especialmente quando a menina recebe broncas e durante as noites. A mãe acorda a filha cerca de duas vezes por noite para levá-la ao banheiro. Dolto descreve a menina como estando "dominada pelo seu pipi [xixi] imperioso".

Além da incontinência urinária, a criança recusa-se a comer: falta-lhe apetite e está magra. As refeições são sempre difíceis, a menina chora e pede para sair da mesa. O pai se irrita com a situação enquanto a mãe insiste, incansavelmente, em alimentar a filha, comparando-a com os tios doentes.

Ainda, a mãe conta que a menina, "dócil, alegre e afetuosa", muda completamente na presença do irmão, Daniel. Os dois brigam em acessos de fúria, a que a mãe chama de "nervosismo", e a situação não se resolve até que um adulto intervenha. Segundo a mãe: "ele [Daniel] é de uma mesquinhez incrível com a irmã". No segundo encontro, a mãe revela que Claudine tem acessos de fúria quando vê o irmão levando bronca: "arranca os cabelos, arranha-se, bate os pés, chora, grita, suplica" e não há meios para acalmá-la.

Na presença dos pais e da menina, Dolto anuncia que "é preciso ajudá-la a crescer", já construindo sua primeira interpretação do caso. Para a analista, existe em Claudine um "desejo inconsciente de se comportar como um bebê, de quem todos devem se ocupar", então, recomenda que a família e a escola abram espaço para ela resolver-se sozinha: na escola, pede que a professora deixe-a sair quantas vezes precisar durante a aula; em casa, aconselha que um urinol seja colocado junto à cama da criança para que ela possa ocupar-se sozinha do xixi, sem que a mãe interfira acordando-a. Além disso, a mãe deveria desinteressar-se completamente pela questão da alimentação da filha por pelo menos três dias, e assim Claudine poderia comer quando tivesse fome e parar de comer quando estivesse satisfeita. A psicanalista pede que o pai não ralhe com a menina, mas que abra espaço para que ela mostre que já é uma "senhorita". Por fim, prescreve um medicamento, explicitando que com ele pretende, mais do que curar os sintomas, "amparar moralmente a criança e, sobretudo, . . . ajudar a mãe a não se julgar culpada por negligenciar a saúde de Claudine".

A sós com a menina, Dolto pede que ela desenhe o que quiser e Claudine desenha a si mesma e a Daniel, em folha separadas.

Em seguida conversam sobre as duas bonecas favoritas da menina: Branca de Neve e Maurice. Claudine conta à psicanalista que suas bonecas brigam às vezes e, a partir disso, Dolto encaminha sua intervenção, introduzindo o tema do ciúmes como causador das brigas, afirmação que Claudine nega de imediato: "gosto muito das duas irmãs", anuncia a criança. Mesmo assim, Dolto insiste no tema e instrui o que a menina deveria fazer a respeito: conversar com as duas bonecas, fazendo-as entender que a menina ama as duas igualmente e que não há motivos para ciúmes.

Na semana seguinte, Claudine encontra Dolto pela segunda vez. O progresso é grande: os incidentes com xixi diminuíram drasticamente, a menina levanta-se sozinha para ir ao banheiro durante a noite e, na escola, continua saindo frequentemente para ir ao banheiro, mas sempre sozinha. Quanto à alimentação, passou a comer normalmente depois de um dia todo sem comida. No entanto, a intitulada "questão do nervosismo" continua preocupando a mãe, em especial em relação ao estado que a filha fica ao ver o irmão sendo castigado.

Quando a sós com a analista novamente, a menina desenha uma casa e comenta que seria a casa do papai, na qual não havia torneira como a presente na sala de atendimento.

Dolto entende a torneira, associada à figura do pai, como símbolo fálico daquilo que o pai e o irmão têm, mas Claudine não (pênis). A psicanalista traz a questão do irmão, levantando a hipótese de que a menina tem ciúmes dele e inveja sua condição de rapaz (portador de pênis), o que explicaria a perturbação dela ao ver Daniel ser punido: "bem no seu íntimo, sem dizê-lo a ninguém, [você, Claudine,] deseja para seu irmão coisas ruins". Dolto continua, apontando que Daniel e os papais têm torneiras, mas ela (analista), as mamães e Claudine não as têm. A criança encerra o segundo encontro dizendo que deseja ser bonita como a mãe quando crescer, enquanto Daniel será como o pai.

No terceiro encontro, a menina já urina com muito menos frequência durante o dia e briga menos com o irmão. Sozinha com

Dolto, Claudine faz um desenho que a analista interpreta como tendo simbolismo fálico: "é um barco de guerra no mar, que tem uns 'negócios', bandeiras, e um senhor 'que olha por um grande negócio'", diz a menina. Continua: os personagens presentes no desenho (duas figuras) "são os que sobram", ela e Daniel – como sugere a analista –, ela "é a personagem da esquerda, 'aquele' que não tem nada para ver ao longe". Dolto aproveita o desenho para explicar à menina que ela sente "dificuldade de tornar-se uma senhorita", relacionada à recusa da ausência de pênis, na interpretação da analista. Ao ir embora, a menina faz uma cruz no desenho do barco, abdicando da ordem ali estruturada.

No quarto e no quinto encontros, a principal novidade é a reação calma de Claudine ao presenciar a cena do pai ameaçando o irmão com uma corda. A menina ri e alega que o pai "nunca bate de verdade". Faz também um desenho de sua família, todos de mãos dadas, no qual, pela interpretação de Dolto, reconhece simbolicamente a vagina que ela e a mãe têm, mas o irmão e o pai não, representando o órgão feminino como uma bolsa, grande para mãe, pequena para

ela. Dolto faz uma análise de natureza edípica do desenho: "toda a família está de mãos dadas; coloca-se deliberadamente ao lado do pai, que está separado da mãe por Daniel. Ela . . . desenha-se tão grande quanto Daniel, a título de compensação, mas renuncia à mãe. Além disso, ao explicar-me o seu desenho terminado e depois de mostrar-me a bolsa da mãe, acrescentou uma para si mesma; já não é, como no desenho precedente (do barco), 'aquele que não tem nada', enquanto o senhor e Daniel tinham 'uns negócios'; agora, Claudine opta pela feminilidade e 'dá-se uma bolsa como a da mamãe, mas mais pequenina'".

A mãe relata depois que, ao chegar em casa, a menina jogou a corda que ameaçava Daniel no lixo. Esse ato Dolto interpreta como "manifestação masoquista normal da sexualidade, sobretudo feminina", trazendo-o como realização de desejo de castração do pai mau, retirando o irmão de cena para que possa ela apenas relacionar-se com o pai.

Na conclusão do caso, Dolto apresenta uma interpretação edípica: entende que "os sintomas de Claudine traduzem a recusa de admitir a ausência de pênis", vingando-se agressivamente da mãe pelo xixi imperioso, que passava pela necessidade de manter-se no espectro infantil, de produzir compaixão na mãe (ser alimentada). A menina pode crescer quando aceita a agressividade vinda do pai e abdica dos cuidados servidos pela mãe. Ainda, demonstra seu interesse pelo objeto fálico torneira e pode, depois de alguns encontros, reconhecer a vagina simbolicamente no desenho das bolsas. A menina pode, enfim, atingir efetivamente o complexo de Édipo na interpretação da psicanalista.

A primeira entrevista está marcada claramente pela posição de Françoise Dolto nesses anos em que começava sua prática clínica como médica e psicanalista. Ocupava as duas funções. Ela faz uma anamnese inicial como médica e rapidamente se perfila como analista, enumerando uma série sintomática que começa com: 1) nervosismo, 2) incontinência de urina diurna, 3) perturbações do sono e 4) anorexia. Porém, no começo do relato do caso, os sintomas médicos e analíticos aparecem juntos, assim como alguma prescrição de medicamento que quase sempre está a serviço da escuta do caso.

É muito significativo que uma primeira informação que a analista registra é a de que dois tios (um materno e um paterno) morreram de tuberculose pulmonar antes do nascimento de Claudine. Trata-se de um acontecimento traumático em que os pais sofrem, aparentemente, a mesma perda: a perda de um irmão por causa da tuberculose pulmonar. Digo "aparentemente a mesma" pois nesse luto, no momento do nascimento da criança, não se sabe o que cada um perdeu ao perder esse irmão, de que lugar precisava cada um fazer o luto (perdeu o irmão que o preferia a todos os outros, o irmão que o agredia, o melhor amigo e companheiro). Enfim, não sabemos qual a falta singular que essa perda causou em cada um dos pais.

Sabemos, sim, que Claudine sofre a perda do xixi, a perda do sono, a perda da sua própria fome. Tudo isso lhe escapa, essas funções corporais não lhe pertencem porque ela está impotente subjetivamente para se apropriar delas.

Dolto registra a presença da identificação com os tios doentes, mas, em termos de interpretação, não faz nada com ela. Fazem parte das suas notas do caso os seguintes traços: "Claudine tem muito pouco apetite . . ., rejeita seu prato, chora, quer sair da mesa, diz-se doente, é dominada pelo seu pipi [xixi] imperioso. . . . Ela está magra, acabará adoecendo. . . . 'É como os tios dela', xaropes, drogas, médicos, tudo se discute" (p. 231), diz a mãe. Então, está identificada pelos pais a uma doente, subalimentada, com a saúde em risco e, por isso, ansiosamente demandada. É assim que eles a veem.

Não há sujeito do desejo operando a falta nessas funções, o objeto que ela é se atualiza nesses sintomas: o xixi se faz onipresente quando lhe dão bronca e o objeto alimentar é recusado na hora das comidas. Eles são significantes para chamar a mãe e também o pai, mas de formas diferentes.

Mediante o objeto "xixi" que não pode esperar e ser entregue no lugar e no momento indicados (escapa em qualquer lugar), ela expressa uma recusa a se submeter às regras culturais do controle de esfíncteres veiculadas pelos pais. Assim como também expressa uma recusa a ser "uma a mais" em um grupo social que as respeita. Claudine se faz "a exceção" à regra, o que a analista interpreta como "desejo de ser o bebê", pois um bebê está submetido à naturalidade das funções corporais, não faz o xixi onde deve fazer, não come quando e como lhe pedem etc.

Em relação às cenas de recusa na hora das comidas, ela também parece afetada por um excesso, por algo que está demais. Dessa forma, ela não ouve um pedido, mas um mandato.

"É a criança alimentada com mais amor que recusa o alimento e usa sua recusa como um desejo (anorexia mental)" (Lacan, 1958/1998, p. 634).

Claudine priva-se de algo que poderia ter e usufruir – o objeto alimentar. Poderia dele usufruir se lhe fosse possível desejá-lo, mas ela parece sentir-se obrigada a "ter que comer". Ela se priva, come nada, em função de fazer surgir uma falta no Outro (neste caso é o Outro com maiúscula – o inconsciente – e o outro – meu semelhante – representado pelos pais, sujeitos da demanda alimentar). Comendo "o nada" no lugar de comer "comida", parece escapar ao imperativo de "ter que comer porque me demandam".

Em relação ao controle de esfíncteres, o registro da analista dá conta de uma enurese diurna e noturna,

> *a emissão é imperiosa e ocorre nas aulas, no recreio, em casa, mesmo quando tenha acabado de urinar momentos antes. A mãe se levanta duas vezes por noite. A professora queixa-se. Atualmente opõe-se deixar sair a criança, pois teria de sair a todo instante... (Dolto, 1971, p. 237)*

Então, ambos os pais são sensíveis à perda compulsiva do xixi e se mobilizam. Esta é a cena: a mãe corre a socorrê-la, o pai se irrita, como também se irrita a professora na escola, que a interdita de sair para ir ao banheiro a todo momento porque perturba o resto da classe. É exatamente nesse ponto que a analista lê a posição da criança e seus sintomas no discurso dos pais e intervém ativamente aconselhando e interditando.

O conselho dado à mãe para que não se ocupe mais em levá-la ao banheiro e à professora para que não a proíba de sair da classe a deixa livre para "escolher" o exercício dessa função e tornar-se responsável pelas suas consequências: "pior para ela se não consegue resolver por si mesma o assunto". Cria um vazio na demanda do outro, o semelhante, e do Outro, sua posição inconsciente demandada/obrigada.

O estímulo verbal incitando a valorização desta apropriação das suas funções corporais, vista como "não ser mais um bebê", "começar a ser uma menina maior, coisa que deixará feliz ao seu pai" etc., acompanha esta prescrição, que a mãe aceita seguir após a analista "convencê-la a desinteressar-se completamente do problema por pelo menos três dias"!

Em relação à alimentação, é declarada a identificação de Claudine a uma criança em risco de adoecer; as súplicas e dramas na hora das comidas, que geram mal-estar e desencontros familiares, a colocam em posição de demandada e ela se perde como sujeito do seu desejo de comer.

A indicação é a mesma que para o controle da urina, pois é a mesma estrutura de sintoma: que a deixem em paz, que coma o que quiser e que deixe o "resto". Dolto faz uma fala perante a mãe que coloca a criança no lugar exato de um sujeito de desejo, e não de alguém em perigo por não se alimentar direito. Ela lhe diz: "a gente come quando tem fome e deixa de fazê-lo quando não tem mais fome: isso não interessa aos outros" (p. 238). É a marca de uma diferença, colocada com extrema propriedade a partir de seu lugar de autoridade... médica? analítica? Não se sabe, é só uma primeira entrevista, mas produzirá efeitos surpreendentes.

Indica umas gotas para melhorar o apetite, com uma intencionalidade sugestiva declarada na direção da sustentação do seu ato:

"para apoiar moralmente a menina e sobretudo para apoiar a mãe a não crer-se culpada por descuidar da saúde da filha" (p. 238).

Ela fez a suposição de um desejo de ser um bebê, de quem todo mundo deve se ocupar (dessa forma faz a exceção e escapa à regra do controle de esfíncteres), e novamente intervém assinalando aos pais a necessidade de ajudar-lhe a crescer, deixando-a mais sozinha, menos solicitada.

No tempo a sós com Claudine, a analista pede que desenhe o que quiser, e a criança traz o tema da relação com o irmão (desenhando o seu retrato e o do irmão), e também atualiza a questão por meio de duas bonecas que "brigam às vezes". Dolto introduz os ciúmes como causa das brigas: "Branca de Neve", que é tão bem comportada e graciosa na casa dos anões, não tem motivo para sentir ciúmes de Maurice, mesmo que seja mais crescido do que ela. A criança nega a interpretação dos ciúmes dizendo: "ela não está ciumenta". A negativa funciona aqui como uma forma lógico-discursiva de existência. Dizendo "ela não está ciumenta", Claudine torna presente na sua fala o significante da briga: "está ciumenta" o faz existir.

A analista insiste nos ciúmes e na agressividade (Lacan, 1948/1998) como causa do mal-estar e por meio dos bonecos sugere o que se deve sentir ou deixar de sentir. Fica uma sensação de estranhamento ante esta intervenção indiscutivelmente moral e educativa, dirigida à consciência.

Aparentemente escapa à escuta da analista algo importante no relato da mãe acerca da cena em que se dão as brigas: "o irmão é de uma mesquinhez incrível com ela, . . . mas ela não se deixa vencer. São gritos, brigas entre os dois, acessos de fúria, queixas de ambos para que os pais intervenham" (Dolto, 1971, p. 237). A briga é um chamado para que os pais intervenham! Falta a intervenção deles operando a separação. Ficam engalfinhados porque não há a palavra separadora que os diferencie, os tire da fusão, defina melhor os traços simbólicos que dão um lugar a cada um deles.

Na segunda entrevista se registram os rápidos progressos em relação ao controle de esfíncteres e à alimentação. Claudine corre sozinha ao banheiro, se alimenta normalmente após um dia comendo quase nada, mas em que a deixaram comer sozinha.

Apesar disso, a mãe insiste na preocupação com as cenas de "nervosismo" quando há brigas com o irmão. Novamente o tema da agressividade, o não resolvido retorna com insistência.

Vale ressaltar que na primeira entrevista a mãe queixou-se que 1) "se o irmão está em casa, tudo se modifica. É de uma mesquinhez incrível com a irmã, mexe com ela, ela não se deixa vencer. São gritos, brigas entre os dois, acessos de fúria, queixas de ambos para que os pais intervenham".

Na segunda entrevista, 2) a mãe coloca sob o significante do "nervosismo" e do "descontrole" a cena em que castigam o irmão. Quando ele leva uma bronca ou um castigo, Claudine "se arranca os cabelos, se risca, esperneia, grita, chora, suplica e fica feito uma louca, não se pode acalmá-la, depois fica abatida e cansada todo o dia" (p. 239). Ainda há uma outra cena: 3) o pai ameaça o filho com uma corda que tem numa mão, enquanto com a outra impede que ele escape.

Neste encontro a sós com a criança, a analista traz o tema das cenas de descontrole e prostração quando o irmão é castigado ou repreendido. Surpreende a reiterada negativa de Claudine de pensar nisso, mas a analista insiste no mesmo conteúdo interpretativo: ciúmes e inveja como causa das brigas, e ainda diz à criança que ela não suporta ver o irmão ser castigado porque secretamente lhe deseja coisas más. Dolto fala também da equivalência simbólica "grifo-pênis" que apareceu quando a pequena desenhou uma casa e falou que não havia torneiras como na casa da analista, que às vezes as torneiras enguiçam e é preciso consertá-las. Também a torneira se torna o significante da diferença sexual no registro puramente imaginário: o que alguns têm e outros não, os meninos têm e as meninas não têm, mas terão beleza etc. A corda também será incluída na série do que "um tem e a outro falta".

Nos três encontros seguintes o trabalho analítico se centra ao redor do tema falo-castração. Diz Dolto, em uma espécie de conclusão, que os sintomas de Claudine traduziam a negativa em admitir a ausência do pênis.

O desejo do pênis se traduz pelo desejo de informar-se sobre o grifo (torneira), logo renuncia aos "grandes aparelhos" (no desenho dos barcos de guerra), depois se dá "uma bolsa como a de mamãe", porém menor. Por meio das substituições que tornam possíveis as equivalências simbólicas, a criança vai se deslocando desde "ser um bebê" (posição objetal) até "um complexo de Édipo normal, sem sintomas".

Além da significação dos ciúmes pelo que ela não tem (o pênis), a analista atribui a violência e o desarvoramento presentes na cena em que o irmão é ameaçado com a corda "a uma provável manifestação masoquista normal da sexualidade feminina e a um ensaio simbólico de castrar o pai mau para que não se ocupe mais do irmão, único beneficiário da corda" (Dolto, 1971, p. 243).

As interpretações edípicas têm, nesse ponto do tratamento, todo seu conteúdo imaginário. Ela não se priva de falar e dar vários sentidos, sempre girando ao redor da mesma lógica: o que o irmão tem é o que a marcaria como não tendo. Penso que a leitura inversa também é valida, a posição de bebê superprotegido que os pais dão a Claudine é algo do qual o irmão carece. Ele também está marcado pelo discurso familiar como não tendo esse lugar especial. Neste ponto, instaura-se uma tensão agressiva entre ambos os irmãos: "tudo se envenena". Essa tensão agressiva chama para que algum semelhante desempenhe uma função simbólica de separação, o que não ocorre.

Podemos caracterizar a agressividade como pertencendo a um registro descritivo, como um adjetivo que se utiliza para rotular uma conduta: o irmão que mexe sempre com ela "é agressivo"; é um adjetivo qualificativo substantivado, lhe dá um ser, ele *é*.

Mas também podemos pensá-la como um conceito metapsicológico, como uma estrutura à qual se enlaçam os ciúmes e a inveja primordiais, os fenômenos do transitivismo e a função de antecipação egoica, entre outros.

O que significa uma estrutura da agressividade?

É uma dimensão da experiência humana – um conjunto de funções e lugares – que nos permite situar afetos-efeitos (ciúmes, inveja) como pertencentes a essa dimensão. É uma tendência correlativa a um modo de identificação narcisista, que tem a ver com a assunção da própria imagem vista no espelho como corpo próprio, porém essa imagem aparece ao mesmo tempo como um outro: não confunde Narciso sua própria imagem com a de um outro, um semelhante pelo qual se apaixona? Nesse momento primordial, a relação do sujeito com sua imagem não se diferencia da relação dele com seu semelhante. O eu é outro e vice-versa. Há transitivismo, equivalência entre um eu e outro eu. No transitivismo normal, na primeira infância, a criança que bate no amigo diz ter sido batida, aquela que vê cair o outro chora. Não poderíamos situar nesta estrutura fusional o desarvoramento e o desespero de Claudine quando vê o irmão levando bronca ou sendo castigado? Ele sofre o castigo e ela grita, chora, se descabela.

Pareceria que ela mesma está tomada no lugar do irmão, em uma captura transitiva onde não se sabe quem é eu e quem é o outro, vinculada a uma identificação com o outro, muito mais do que a uma rivalidade com ele.

A agressividade como uma estrutura também nos permite ter uma visão mais ampla e logicamente articulada das cenas de "fraternidade feroz" do irmão provocando Claudine quando ela ocupa toda a atenção e preocupação dos pais com seus sintomas. Há ciúmes e agressividade quando "esse outro ocupa meu lugar", é preciso eliminá-lo, é um momento de crise. É a irmã, como semelhante, que causa a inveja e os ciúmes, porque, tendo toda a preocupação dos pais, se apresenta como tendo o objeto com o qual ela se satisfaz e do qual ele está privado. O desejo de excluí-la se faz imperioso, já que tudo o que ela vive em termos de atenção implica a sua própria exclusão, de um modo puramente imaginário.

É bem possível que as "conversas" sobre o material aportado pelos pais, os desenhos, a história sobre as bonecas e, enfim, a presença da analista expressando as recomendações/interdições iniciais e as interpretações do Édipo e da castração tenham operado como um terceiro separador, como um lugar de lei simbólica, uma possibilidade de mediar diferenciando a singularidade do sujeito das suas identificações primordiais, puramente imaginárias e transitivas.

Referências

Dolto, F. (1971). *Psychanalyse et pédiatrie: les grandes notions de la psychanalyse, seize observations d'enfants*. Paris: Seuil.

Lacan, J. (1948/1998). A agressividade em psicanálise. In J. Lacan, *Escritos* (pp. 104-126). Rio de Janeiro: Campo Freudiano no Brasil/Jorge Zahar Editor.

Lacan, J. (1955/1998). Variantes do tratamento-padrão. In J. Lacan, *Escritos* (pp. 325-364). Rio de Janeiro: Campo Freudiano no Brasil/Jorge Zahar Editor.

Lacan, J. (1958/1998). A direção do tratamento e os princípios do seu poder. In J. Lacan, *Escritos* (pp. 585-652). Rio de Janeiro: Campo Freudiano no Brasil/Jorge Zahar Editor.

Lacan, J. (1969/2003). Notas sobre a criança. In J. Lacan, *Outros escritos* (pp. 369-370). Rio de Janeiro: Jorge Zahar Editor.

O desenlace psicótico de Dominique e as castrações humanizantes

Juliana Lopez Braga

O caso Dominique é um livro escrito por Françoise Dolto (2010) em 1971, publicado originalmente na França, e trata de um caso atendido por Dolto no centro médico-pedagógico Etienne Marcel, em Paris, 1964.

Neste livro a autora relata na íntegra as doze sessões que teve com Dominique, um jovem de 14 anos. E, para os interessados na obra da psicanalista, é um trabalho insubstituível, que nos dá a oportunidade de ver Dolto em ação, além de acompanharmos suas reflexões pessoais durante as sessões, as produções de desenhos e modelagens do adolescente (abordaremos mais desse tema no final do texto), bem como os comentários da analista. É um texto de grande interesse teórico, em que ela nos relata suas hipóteses fundamentais acerca do sujeito e do desejo, desenvolvendo conceitos clínicos por ela formulados.

A primeira vez que Dolto apresentou o caso Dominique foi em outubro de 1967 num colóquio sobre psicoses infantis, organizado em Paris por Maud Mannoni. Esse evento reuniu psiquiatras e psicanalistas ingleses e franceses para um confronto entre a visão da escola francesa, muito influenciada pela teoria lacaniana, e a corrente inglesa, dita "antipsiquiátrica". Diante das divergências, a psicanalista articulou com sua fala respostas aos dois discursos (Nasio, 2001).

A apresentação do caso Dominique pontuou um trabalho de pesquisa psicanalítica e ensino que Dolto havia iniciado desde sua tese de medicina em 1939, intitulada *Psicanálise e pediatria* (1977), na qual sensibilizava os médicos para os efeitos patogênicos dos conflitos psíquicos. Essa tese foi reeditada na França em 1971, época da publicação de *O caso Dominique*, quando estava no ar o importante debate acerca das práticas de tratamento nos casos de debilidade mental[1] e psicose infantil, que obrigavam a psicanálise a articular diálogos com a pedagogia, a medicina e a psicologia evolutiva. Os tratamentos oferecidos aos "débeis" e aos esquizofrênicos eram radicalmente diferentes: os primeiros eram mandados para instituições de tratamento, e os outros eram considerados tratáveis e permaneciam inseridos na sociedade.

Para Françoise Dolto, o tratamento das psicoses passa por um olhar que inclui a família, mas também inclui o reconhecimento da função simbolizante, remanescente nas crianças afetadas que ela insistia em escutar. Podemos dizer que havia algo como um posicionamento ético na clínica de Dolto, que acreditava que a apresentação do sujeito, por mais estranha que parecesse, dizia respeito a uma tentativa de sua sobrevivência psíquica. O que ela buscava fazer era, orientada pela bússola do inconsciente, ouvir o que aparecia naquele encontro.

---

1 Nomenclatura da época. Dolto trata dessa discussão no livro de Florence Arzel Nadal (2006, pp. 21-28).

A autora defendia com convicção a possibilidade de tratamento tanto com bebês e crianças pequenas quanto com psicóticos. Para ela, todo ser humano é, irredutivelmente, um ser de linguagem, quer sua fala seja louca, quer ele ainda não fale. Sua prática estendia os limites da psicanálise até os primórdios da vida, buscando assimilar o pré-verbal e o pré-especular (Nasio, 2001). Era disponível para o inesperado e não se abatia com histórias trágicas. Pensava que o inumano é parte do humano e acreditava que o desastre e o imprevisível fazem parte da vida. Essa forma de ver as coisas e as histórias dos sujeitos não tem a ver com fatalismo, mas com uma disposição de ouvir quem vinha ao seu encontro. Dolto (1989) dizia:

> *penso que, a partir do momento em que se fala como se sente a um psicótico, ele já se torna muito menos psicótico e pode entrar no processo de aceitar a diferença entre o imaginário e a realidade. . . . pois a realidade não passa de um imaginário comum a todos. (p. 135)*

Para Dolto, a psicose não era uma estrutura estática, mas uma desordem grave, que fazia com que aquele sujeito não encontrasse um lugar na sociedade, criando uma função simbólica própria, à parte do código social compartilhado. No livro *Auto-retrato de uma psicanalista* (1989), ela diz a Jacques-Alain Milner:

> *Um neurótico tem um eixo que está mais ou menos a prumo, se posso dizer assim, porque houve o encontro entre uma certa percepção visual e uma percepção auditiva, e porque de quando em quando, confirmava-se que isso era igual ao que se passava com os outros. Então, é compreensível. Seria como uma saudação entre bons entendedores . . . Uma criança psicótica verá um*

> *cachorro e dirá "miau", ou dirá "gato" ao ver o cachorro. Temos percepções que fazem com que sejamos semelhantes, no mesmo momento e no mesmo tempo. . . . Os psicóticos não têm um código que lhes permita compreenderem. E para se reencontrarem, num momento difícil, é preciso que eles voltem ao código do passado. (p. 141)*

Compreender e ser compreendido tem a ver com poder habitar um código que é compartilhado com um outro, e a partir disso comunicar-se. Dessa forma, Dolto se apresentava verdadeiramente disponível para tratar casos graves.

É assim que Dominique chega a seu consultório em 1964, aos 14 anos. Veio encaminhado pelo médico que cuidava dele desde os 6 anos e que estava certo de se tratar de um débil, mas que desde que o menino entrara na puberdade pensava que o caso estivesse evoluindo para uma esquizofrenia.

Num primeiro momento a mãe de Dominique não o tinha levado para um tratamento com Dolto, mas para pegar com a psicanalista alguma recomendação de centro de tratamento para internar o menino. Ela contou que eles já haviam tentado uma psicoterapia quando ele tinha 6 anos e que nada adiantara, de forma que agora só restava considerar um internato, já que o rapaz tinha muita dificuldade para se orientar no tempo e no espaço e não tinha autonomia para andar pela rua sozinho.

Dolto (2010) relata seu primeiro atendimento com o rapaz e o descreve como apático, com um aperto de mão frouxo e ar distante. Ela então pergunta como ele estava se sentindo, e ele responde: "bem, eu não sou como todo mundo" (p. 33). Dolto se surpreende com a resposta, ela escuta o sofrimento de Dominique. Ele diz: "às vezes, ao despertar, penso que passei por uma história verdadeira", e Dolto responde: "que o tornou não verdadeiro". "É isso mesmo! Como que a senhora sabe disso?", surpreende-se Dominique, e Dolto diz: "eu não sei, só pensei nisso ao olhar para você" (p. 33). E assim inaugura com Dominique o campo da transferência, apostando que a aparência desestruturada de Dominique era na verdade a apresentação de uma psicose.

Para Françoise Dolto, o trabalho psicanalítico deve considerar conversas constantes com os pais, a fim de reconstruir a história familiar do sujeito, além de ser de extrema importância compreender tanto o lugar dos pais no discurso dos filhos, como o do filho no discurso dos pais. No que diz respeito à relação parental, a psicanalista frisava a transgeracionalidade na constituição da psicose, dizendo que era preciso a justaposição de não ditos de três gerações para que uma conflitiva psicótica se instalasse.

"O ser humano é a encarnação simbólica de três desejos: o do pai, o da mãe e o seu, todos três sendo seres de linguagem" (Nasio, 2001, p. 162).

> *O desejo dos pais induz o filho por um efeito de linguagem, penso que todo ser humano, por si mesmo, desde sua origem, em sua concepção, é uma fonte autônoma de desejo. Creio que seu aparecimento vivo no mundo (no nascimento) simboliza, por si só, seu desejo autônomo de se assumir como sujeito terceiro da cena primária e como sujeito único da consumação do desejo genital conjugal dos pais. (Nasio, 2001, p. 166)*

Dolto acreditava que nascemos já como um sujeito completo, diferente da concepção de alguns psicanalistas que acreditam na busca pela integração do sujeito ao longo das primeiras etapas da vida. Para essa psicanalista em questão, o processo de desenvolvimento se dá numa relação do sujeito com seu desejo, que está desde sempre presente. A busca pela autonomia vai pouco a pouco desconectando o corpo do bebê do corpo materno. Isso faz referência aos agentes cuidadores, que precisam eles mesmos ter sido iniciados à regra fundamental do desejo, que é a proibição do incesto.

Dominique era o segundo de três filhos da família Bell. Paul-Marie era o primeiro, dois anos mais velho, e Sylvie, três anos mais nova. Dominique era o único que não se parecia com os traços germânicos do pai e, ao nascer, provocou decepção por não ser a esperada menina, e por ser moreno e feio, de acordo com os comentários da mãe. Até os 3 anos, seu desenvolvimento aconteceu sem intercorrências. Quando a mãe estava prestes a dar à luz a filha, Dominique foi levado à casa dos avós maternos por dois meses. No retorno viu o berço, que antes era seu, ocupado pela irmã. Sua nova cama agora fora instalada no quarto do irmão mais velho. Essa situação marcou a vida de Dominique, que, a partir de então, nunca mais foi o mesmo. No retorno para casa, passou a urinar e a defecar nas calças, se tornou instável e agressivo, e na escola não se integrava com as crianças, passando a ficar o tempo todo em casa.

Na primeira conversa que a psicanalista tem com a mãe do rapaz, Dolto (2010) dá especial atenção a um aspecto importante da vida do pai, que foi marcada por duas perdas significativas: seus dois irmãos homens morreram de forma trágica. Ficaram apenas ele e a irmã cinco anos mais nova. O primeiro morreu com um ano e meio na mesa de cirurgia, depois de ter engolido uma peça de um brinquedo com o qual o pai de Dominique, que tinha 5 anos na época, brincava. O outro irmão do pai, que era doze anos mais jovem que o sr. Bell, desapareceu aos 17 anos em uma expedição nas montanhas e nunca mais foi encontrado. Esse fato se deu no ano do nascimento de Dominique. Além disso, a irmã do sr. Bell teve um filho que faleceu aos 6 meses, em um momento em que Dominique estava de férias na casa da tia. A mãe de Dominique relata que o marido se lembra muito do berço vazio deixado pelo irmão bebê, e diz que isso o impressionou muitíssimo.

Fica claro nas observações de Dolto que ela percebe que algo aconteceu após o nascimento da irmã que tirou do eixo o curso de desenvolvimento de Dominique, e observa que havia uma coincidência no discurso da mãe, quando ela falava do sofrimento do pai relatando o berço vazio deixado pelo irmão falecido e do sofrimento de Dominique ao ver seu antigo berço ocupado pela irmã caçula, sem que nada lhe fosse dito a respeito.

Ainda nos primeiros encontros com Dolto (2010), Dominique faz um boneco com partes coladas e bolas sobrepostas, referindo-se a ele como: "um personagem com ideias próprias" (p. 44), e relata que ele diz coisas que ninguém parece compreender. Dolto, num momento anterior, havia dito para ele: "é verdade que está desmiolado. Vejo que se dá conta disso. Talvez você tenha se disfarçado de pirado para não ser repreendido". Dominique se anima e confirma: "oh, deve ser isso. Mas como é que a senhora sabe?". Dolto responde: "eu não sei, mas percebo que você se disfarçou de louco ou de idiota e que você não é nada disso, pois você percebe isso e quer mudar" (p. 33). A psicanalista percebia que o rapaz apresentava respostas articuladas, embora em um discurso desconexo, o que na sua hipótese confirmava um transtorno psicótico.

E, assim, logo depois do primeiro encontro com Dominique, Dolto (2010) relata à mãe: "não se trata de jeito nenhum de um débil simples, mas de uma criança psicótica inteligente, e na minha opinião, a dificuldade não está na escolaridade, e sim no seu equilíbrio mental e nas suas possibilidades sociais sem futuro" (p. 35).

Essa fala surpreende a mãe, já que nunca ninguém havia levantado a possibilidade de Dominique ser psicótico. Dolto, em vez de sugerir um internato para Dominique, oferece a possibilidade de ele fazer um processo psicanalítico com ela, fato que a mãe recebe com reticências.

Minha proposta daqui para a frente não é avançar nas sessões de Dominique com Dolto, mas tentar ampliar a compreensão de Françoise Dolto sobre a importância dos primeiros anos de vida para o desenvolvimento de uma vida psíquica saudável, além de levantar uma hipótese sobre o que pode "ter dado errado no desenvolvimento de Dominique", que, na idade de 2 anos, não somente viu o corpo de sua mãe mudando com o avanço da gestação da irmã caçula, como também foi afastado do convívio familiar por dois meses, quando a mãe estava para dar à luz a irmã. Como será que isso foi simbolizado pelo menino? Será que algo lhe foi explicado? Que palavras e gestos acompanharam essa vivência?

Para Dolto, o desenvolvimento da função simbolizante e a aquisição da linguagem são um movimento que acontece gradualmente nos primeiros anos de vida. Num primeiro momento da vida humana, a mãe tem a função de saciar as necessidades orgânicas, mas, concomitantemente a esse processo, também vai estabelecendo uma comunicação sutil com o lactente. Junto com a necessidade de se saciar, surge no bebê também o desejo, que não tem a ver com a necessidade orgânica especificamente, mas com uma vontade de se manter em relação com o adulto cuidador, este que serve de apoio e de mediador entre a criança e o ambiente. Essa relação com esse adulto cuidador vai sendo modelada numa alternância de presença e ausência.

O bebê com fome precisa do leite, mas, para além do leite, ele também precisa do colo da mãe, cheiro, apoio e conforto. A boca é nessa hora a zona erógena primordial, lugar por onde as relações se constroem. Esse prazer que a saciedade da necessidade gera deixa uma marca psíquica, que faz com que o bebê deseje repeti-la mesmo quando não está com fome, uma vez que entendemos que seu desejo não é de leite especificamente, mas de encontro também.

É nessa constante entre encontros e desencontros do bebê com o adulto cuidador que a função simbolizante vai se organizando na criança. De acordo com Dolto (1996), "há uma relação simbólica entre esse pré-sujeito e esse pré-objeto; existe um código, elaborado no tempo-espaço, desse corpo alternadamente presente e ausente" (p. 235). Essa simbolização do seio serve para aplacar a tensão do simples desejo pela imaginação da satisfação das necessidades vitais, e a imaginação se alimenta do que há de erótico na mamada, a sucção, no entanto sem leite e sem seio, só com a recordação deles.

Essa rememoração do prazer que a presença da mãe traz é estruturante para o ser humano e necessária para o desenvolvimento da função simbólica para o resto da vida. Podemos pensar que é como um jogo, em que um ser desejante solicita uma resposta de um outro ser desejante complementar, e essa dinâmica é incorporada pela criança como um código de sua relação com o outro. A criança passa a amar a si própria da maneira como percebe que é amada pelo outro, mas não apenas.

Essa articulação do desejo com a função simbólica pode ser vivida de forma harmônica ou ainda contemplar diversas armadilhas, dependendo do que a criança recebe como resposta do ambiente. O efeito, por vezes patogênico, dessa discordância entre o imaginário e a realidade é onde opera a psicanálise, que se oferece como recurso para reviver fantasmas que derivam de relações precoces.

Quando o bebê tem seus objetos intermediados pela relação com a mãe, e eles são apresentados, falados, segurados por ela, é como se a mãe continuasse presente mesmo quando está ausente, o que possibilita que ele se sinta em continuidade com sua existência. Para sentir-se em segurança, a criança pequena precisa estar em um ambiente que tenha sido "mamãezado", ou seja, um ambiente que tenha sido significado por sua presença, ou suas palavras, como um lugar seguro de estar.

Tudo isso faz sentido quando pensamos no caso Dominique, que precocemente se mantém afastado de sua casa para o nascimento da irmã, uma vez que temos notícia de que é a partir do retorno para casa que seu desenvolvimento para de seguir o curso normal.

A sra. Bell diz a Dolto que Dominique passa a ter fortes reações de angústia quando vê a irmã mamar no seio da mãe, e na sequência não consegue mais ter controle esfincteriano. Tal rebeldia se expande para além dos limites da casa, e faz que ele, que antes tinha uma boa relação social na escola, passe a ficar em casa, já que a escola não mais o aceitou.

Dominique claramente regride com o nascimento de Sylvie. É verdade que a chegada de um bebê faz com que a criança que já é um pouco maior se interrogue sobre o seu lugar na família. Cabe à família conseguir acolher as diferentes reações que o filho mais velho venha a sentir sobre o bebê, explicando para ele seu lugar na família e garantindo seu amor, mas sustentando as castrações necessárias com relação ao corpo da mãe e auxiliando uma independência no que diz respeito à própria higiene e corpo.

> *A não ser pelos raros mutilados neurológicos de nascença, a maioria das crianças se tornou desajustada à sociedade por causa da ausência de mediações simbólicas de seu desejo durante a primeira infância . . . É preciso que ela tenha compreensão e palavras verdadeiras,*

> *ditas a sua pessoa, caso ela não fale, e trocadas com ela, se falar: palavras concernentes ao seu sofrimento. O acesso à simbolização de seu desejo é então possibilitado, para além de uma experiência nomeada e reconhecida, na segurança da descoberta da criatividade linguística compartilhada com o outro. É preciso que seu desejo possa encontrar o caminho da comunicação, possa realizar-se ao se exprimir a um outro que esteja atento à pessoa da criança . . . Quando uma criança apresenta distúrbios encontramos na primeira infância ainda próxima, se pudermos conhecer sua história, os momentos determinantes do fracasso da simbolização do desejo ou dos traumas emocionais precoces dos quais a angústia é o único testemunho. (Dolto, 1996, pp. 254-256)*

Dolto não acredita, no entanto, que os transtornos psicóticos se deem exclusivamente por uma falha do ambiente; ela acredita que seja uma combinação de um bebê com uma sensibilidade maior com um ambiente que não acolhe e responde às suas demandas.

Para compreendermos melhor o que penso sobre o que aconteceu com Dominique, faz-se necessário adentrar um conceito elaborado pela psicanalista francesa. Castração simboligênica significa a proibição de um desejo em relação a certas modalidades de obtenção de prazer, proibição esta que tem um efeito harmonizante e promovedor tanto do desejante, integrando-o na lei que o humaniza, quanto do desejo, ao qual essa proibição abre acesso a gozos maiores. Aqui abordaremos as castrações oral e anal, embora Dolto contemple ao todo seis castrações: umbilical, oral, anal, primária, espelho e edípica.

Castração simboligênica é muito diferente do sentido de mutilar; são proibições que oferecem efeitos simbolizantes, que então "castram" uma certa modalidade de gozo, para abrir espaço para novas conquistas e prazeres. Dolto acredita que é preciso fazer algumas castrações ao longo do processo de desenvolvimento físico-psíquico. Na sua concepção de desenvolvimento, todo bebê é movido por um desejo inconsciente de crescer e vir a ser como o adulto, como se pensasse "quero chegar aí onde você está" - esse seria o desejo inconsciente do bebê ao se relacionar com o adulto. Os pais de alguma maneira devem dizer: "sim, você chegará lá, mas para isso é preciso renunciar ao seu prazer atual, para abrir acesso a novos e outros prazeres e conquistas". A ideia por trás da castração é renunciar a algum prazer em nome de ganhar algo em troca – essa seria a dinâmica necessária para o desenvolvimento humano na concepção de Dolto (1996):

> *A vida exige que a troca continue, que o jogo conserve sua graça e que o jogador preserve o gosto de jogar e a esperança de ganhar: que o jogador conserve o poder da aposta e, se ganhar, que esse ganho não o isole do jogo, que ele possa novamente arriscar seu ter por um novo vir-a-ser mais promissor. (p. 257)*

As castrações são para serem como aberturas de possibilidades, de forma nenhuma deve ser paralisantes, para que não estagne o sujeito e o impeça de seguir no jogo da vida.

Na visão da psicanalista o nascimento é a separação dos corpos do bebê e da mãe, e pode ser compreendido como uma primeira castração, a castração umbilical. O desmame é a castração oral, quando o desejo pelo seio da mãe fica rigorosamente proibido, por um lado, porque a essa altura a alimentação já acontece por outras fontes, e também porque a troca que se efetua com a mãe já possui elementos sutis e linguísticos que oferecem outras modalidades de gozo. Os novos usos da boca, como poder experimentar novos alimentos e usar a boca para falar, seriam algumas conquistas da castração oral.

É uma troca humanizante, que vem a organizar uma relação simbólica entre a mãe e a criança menos amparada pelo corpo concreto da mãe.

Já a próxima castração seria a castração anal, entendida como a separação da mãe no que tange à dependência das necessidades excrementícias. É o fim do corpo a corpo ligado à assistência manual materna, em tudo o que concerne vestir, higiene, manutenção do corpo e satisfação tanto das necessidades quanto dos prazeres corporais. O ganho é a autonomia, a independência, o fazer lúdico, linguístico e cultural, partilhado tanto com a mãe como com o ambiente em geral.

Voltando para Dominique, Dolto escuta da sra. Bell que, com a chegada de Sylvie, Dominique não tem uma crise momentânea e pontual, mas intensas e recorrentes manifestações de angústia. Dominique batia com sua cabeça na parede, exigiu voltar a usar fraldas (embora, antes do nascimento de Sylvie, isso já fosse uma conquista quase resolvida), e também precisou voltar a mamar no seio da mãe como a irmã, fatos a que a mãe consente, sem distinguir o lugar de Sylvie como bebê e o de Dominique como irmão maior.

Entendemos que o que estava em jogo ali era a sustentação da castração oral e anal, uma vez que se entende que o papel das castrações é permitir a simbolização, ao mesmo tempo que contribuem para modelar a imagem inconsciente do corpo, nas suas diversas reelaborações ao longo da vida.

Dolto (2001) diz que é seguindo duas grandes dimensões, o espaço e o tempo, que a realidade se simboliza nas relações da criança com a mãe. O espaço de segurança é aquele deixado à sua liberdade e que a mãe investiu de palavras. Essas palavras permissivas e auxiliares na exploração do espaço em sua ausência são o que resultará em uma maior ou menor autonomia da criança. Não quer dizer que é preciso vir tudo do ambiente, mas como o ambiente dá conta da angústia que se apresenta.

Levando em consideração o que já foi dito, podemos imaginar como essas *não* castrações - oral e anal - atrapalharam o curso do desenvolvimento saudável de Dominique, pois provocaram sua regressão ao lugar de bebê, adentrando o que Dolto chamou de "regressão psicótica". A falta da castração é a própria definição do trauma quando não é sucedida de simbolizações.

Especificamente sobre a castração anal, Dolto (2001) diz:

> *a castração anal deve ensinar à criança a diferença entre o que é sua posse, da qual ela é totalmente livre, e o que é a posse do outro, cujo uso, para ela, deve passar pela palavra que pede ao outro que lhe empreste os objetos dos quais ela gostaria de se utilizar, e que aceita que este outro os recuse a ela. (p. 115)*

É possível imaginar que Dominique compreendeu a chegada da irmã como a de um estranho rival, e não como a de um novo membro da família, uma vez que parece que faltaram palavras organizadoras, castrações, que pudessem facilitar a compreensão da criança sobre o que estava acontecendo em sua volta e sobre a garantia de ele ocupar um novo lugar na família. Dolto (2001) escreve em *Imagem inconsciente do corpo*:

> *Apenas a palavra pode, de maneira simbólica, restabelecer a coesão interna da criança: mas não podemos, se queremos ajudar a criança a ultrapassar sua prova, lhe fazer economizar sua dor. As crianças, bebês, lactentes, compreendem as palavras, é espantoso, não sabemos como, quando lhe são ditas para lhes comunicar uma verdade que lhes diz respeito. (p. 176)*

Na história pregressa de Dominique, também teve o fato de ele ter ficado por dois meses na casa dos avós, separado de sua casa e de mãe, pai e irmão mais velho, na idade de 30 meses. Ele foi o único que não acompanhou o fim da gestação da mãe, além de ter sido separado da casa, seu lugar de referência. Perdeu não só sua casa, mas o lugar de filho caçula e seu berço, perdas que foram difíceis de elaborar.

Se entendemos que a criança pequena tem na mãe uma pessoa de referência, e na casa seu lugar de descoberta do mundo, a ausência prolongada dessas relações, seja qual for a razão, pode fazer com que essa criança, com seu psiquismo ainda incipiente, perca toda a sua segurança existencial e as faculdades relacionais já adquiridas. Como se, junto com a perda da mãe, se perdesse também a humanização dela, levando consigo uma parte da imagem inconsciente do corpo dessa criança: talvez a boca, o ânus ou o tubo digestivo – em suma, lugares da mediação do desejo. Esses efeitos traumatizantes da perda da mãe podem ser restabelecidos quando existe uma reparação, o que não parece ter acontecido no caso de Dominique.

Dolto (2001) diz que a criança psicótica tem um tumor na simbolização, um tumor imaginário, construído por uma função simbólica que andou no vazio e sem nenhuma possibilidade de relação com um outro humano: "Porque o [outro] humano que as pulsões da criança visavam estava ausente ou, se seu corpo estava presente, estava psiquicamente fora do alcance para uma criança desde então solitária" (p. 181).

As castrações simboligênicas não apenas abrem novas formas de prazer e conquistas, mas também vão organizando o que Dolto chama de *imagem inconsciente do corpo*, que, diferente do esquema corporal (corpo em si), é uma forma imaginada do corpo, que se desenvolve inconscientemente a partir de uma multiplicidade de trocas pulsionais da criança com o ambiente. Esse é um conceito complexo e central na obra de Françoise Dolto. A imagem inconsciente do corpo se constrói na história do sujeito e vai se reestruturando durante o desenvolvimento da criança.[2]

Dessa forma, uma das saídas de um traumatismo é apresentar uma postura de recolhimento, para que a zona erógena implicada não entre em contato com os objetos proibidos que oferecem riscos, nem seu desejo entre em conflito com o desejo do adulto que dele se ocupa. E, assim, o sujeito pode ser levado a regredir a uma imagem inconsciente do corpo anterior, em que antes ele se sentia seguro, "fazendo de tudo para conservar dentro de si um pouco de seu espaço protetor de referência recém-adquirida" (Dolto, 2001, p. 188).

O trabalho psicanalítico de Dolto veio a descobrir que, nos desenhos e nas produções plásticas com massa de modelar, a criança encontra uma maneira de expressar o que sente e pensa, de maneira que "torna-se discurso nas mãos daquele que não fala, ou ainda não é capaz de fazê-lo, mas que, no entanto, demanda ser compreendido" (Schauder, Klein-Melonio, Ciani-Holtz & Dufour, 2011). Os desenhos e modelagens são, assim como os sonhos e

---

2 No livro *Os grandes casos de psicose* (Nasio, 2008), é possível ver outro exemplo de regressão psicótica a partir de falhas na simbolização pelo nascimento de um irmão, caso conhecido como "a menina do espelho".

fantasmas dos adultos, testemunhas do inconsciente infantil. Dolto, desde 1930, acreditava que esse material plástico também localiza um tempo-espaço arcaico e pode detectar expressões de afetos muito precoces, mas que não encontram um mediador que os ajude a significá-los. No livro *O caso Dominique* (2010), Dolto explora muito esse recurso com o adolescente, e é a partir dessa linguagem que ela estabelece seu diálogo com o rapaz, usando da arte como interlocutora.

No núcleo da psicose existe algo do desejo da criança que não se deparou com a castração que a teria levado a simbolizá-lo, ou então os pais, por razões inconscientes, foram incapazes de efetuar essa castração. Com isso gostaria de ressaltar que para Françoise Dolto o problema não é lidar com as sofridas perdas de lugares e modos de prazer concernentes ao curso da vida, o grave é não se poder simbolizar o que se perdeu – isso, sim, é devastador. "Nada é somente orgânico no ser humano, tudo é também simbólico" (Dolto, 2001 p. 147).

O objetivo deste texto não é dar conta de toda a problemática de Dominique, mas compartilhar nosso entendimento sobre os efeitos estruturantes/desestruturantes das castrações simboligênicas e a forma como elas se articulam na problemática da psicose.

Referências

Arzel Nadal, L. (2006). *Françoise Dolto et l'image inconsciente du corps: fondements et déplacement vers la pulsion*. Bruxelles: De Boeck.

Dolto, F. (1977). *Psicanálise e pediatria*. Rio de Janeiro. Zahar Editores.

Dolto, F. (1989). *Auto-retrato de uma psicanalista.* Rio de Janeiro: Zahar Editores.

Dolto, F. (1996). *No jogo do desejo: ensaios clínicos.* São Paulo: Ática.

Dolto, F. (2001). *Imagem inconsciente do corpo.* São Paulo: Perspectiva.

Dolto, F. (2010). *O caso Dominique.* São Paulo: WMF Martins Fontes.

Dolto, F., & Nasio J.-D. (2008). *A criança do espelho.* Rio de Janeiro: Zahar Editores.

Nasio, J.-D. (Org.). (2001). *Os grandes casos de psicose.* Rio de Janeiro: Zahar.

Schauder, C., Klein-Melonio, M., Ciani-Holtz, A., & Dofour, V. (2011). Quando o caminho que leva do coração a boca deve passer pela mão. *Reverso, 33*(62).

A imagem inconsciente do corpo, a psicose e a clínica de Françoise Dolto no caso Dominique

Christiane Carrijo

Introdução

Escrever a respeito do caso Dominique é um convite instigante e também complexo, afinal, Françoise Dolto, a analista, o descreveu minuciosamente em livro, no qual podemos acompanhar o paciente e ver sua história ganhar vida através da narrativa das sessões. Dolto consegue fazer o que disse a Elisabeth Roudinesco em uma entrevista (Roudinesco & Dolto, 1989): estimular pessoas a se interessar pela clínica, verificar como esta ilustra a teoria freudiana e possibilitar a compreensão da existência do inconsciente como uma dinâmica no psiquismo. Contudo, Françoise quis pensar que não fez discípulos. Ela entendeu que discípulos são "pessoas que tentam fazer o gênero Dolto", e isso ela lamenta. Nesse sentido, gostaria de propor que minha leitura do caso Dominique com ênfase apenas na segunda sessão de análise, retomando alguns pontos da primeira, é inspirada na paixão pela clínica e na escuta clínica que Françoise Dolto despertou em mim por meio das histórias das psicanálises de seus pequenos pacientes. Mesmo podendo fazer, de certa maneira, uma leitura doltoniana, espero amplificar com minhas interpretações e hipóteses uma parte do material dessa sessão e colaborar para a discussão clínica.

A inspiração da clínica doltoniana para mim é a crença na força da palavra verdadeira sobre o sujeito, e penso estar também aí a característica do estilo inimitável e único de Dolto. Montrelay (1989), no seu texto "O tambor e o arco", apontou duas frases de Dolto: "'No analista há uma transferência específica, pois ele tem fé no ser humano'. . . . 'Não se pode ser psicanalista de crianças se não se tem esta fé em um sujeito'" (p. 220). Montrelay pontuou ainda como a fé no humano em Dolto é um "arrebatamento irresistível da palavra" e também do que ela "chama de desejo e que não pode ser entendido no sentido metonímico que Lacan lhe dá" (p. 221).

Querer evitar o sofrimento é deixá-lo no escuro a produzir um traumatismo; na clínica de Dolto é preciso colocar palavras no sofrimento pelo qual o sujeito passa. E ela nos esclarece, de acordo com François Peraldi (1989), que não é meramente de palavra verbal que se trata aqui, mas que a palavra pode estar encarnada em materiais semiotizados pela circunstância, sendo isso anterior a ela se encarnar no fonetismo verbal.

Recomendo a leitura do livro *O caso Dominique*, de Dolto, para uma maior compreensão da análise realizada e da atividade clínica da psicanalista. Para orientação geral, Dominique Bell, um adolescente psicótico, era o segundo de três filhos e, aos 14 anos, fez sessões de análise com Dolto. Seu irmão, dois anos e meio mais velho, chamava-se Paul-Marie. Sua irmã caçula, Sylvie, foi descrita como loira e parecida com o pai. Dolto publicará sobre esse tratamento na íntegra, confirmando a importância do valor heurístico do caso clínico. Para refletirmos sobre o trabalho da psicanalista, é imprescindível fazermos um percurso sobre suas considerações a respeito da psicose, mas, sobretudo, entendê-la em conjunto com seu conceito de imagem inconsciente do corpo e de como essas imagens aparecem durante a análise, nas modelagens, nos desenhos, nos sonhos e nas palavras de Dominique, em conjunto com a transferência.

Dinâmicas regressivas, a imagem inconsciente do corpo e a psicose

Nos casos de psicose e de dinâmicas regressivas, Dolto ressaltou a importância de se atentar às separações precoces traumatizantes. Contudo, como para ela existem apenas casos singulares, sempre é preciso prestar atenção à história individual. Assim, não se pode criar uma tipologia que levaria a pensar em uma parentalidade nociva, mas é possível delimitar quais são as dinâmicas entre o eu e o outro que funcionariam propiciando regressão. Por exemplo, as graves depressões maternas, após o parto, são destacadas como possibilidades de propiciar o ingresso da criança na psicose. Dolto entendia esse possível aprisionamento precoce na psicose de um modo específico, já que a depressão materna incitaria o recém-nascido a tentar restituir à mãe sua própria vida, pois, fantasisticamente, o bebê poderia ter se sentido culpado ao nascer, por ter tirado "a vida" da mãe; é um bebê que preencheria a mãe e ficaria fusionalmente agarrado a ela, desvitalizando-se.

Outro elemento psicogênico e desvitalizante na relação mãe-bebê pode se dar a partir da ausência de uma comunicação alegre da mãe para com seu filho, de tal maneira que o desejo não se manifesta ou há poucas palavras e falta de trocas vivas entre ambos. Outra influência que desregularia a dinâmica vitalizante da criança é quando esse filho ou filha é apenas um objeto libidinal oral ou anal, o qual a mãe usa para seu próprio prazer, interferindo em suas escolhas de maneira autoritária, de tal maneira que "ele não passa de seu excremento ou bichinho" e pode se tornar fóbico ou obsessivo. Dolto sempre ressaltará a diferença entre as necessidades biológicas e o desejo; assim, quando a criança deseja e a esse desejo a mãe responde apenas nos momentos das necessidades vitais, ele é anulado pela satisfação corporal e permanece relacionado com o funcional, com o vegetativo. Esse modo de relação com o outro não permite ao sujeito desejar.

Em outro sentido, se a criança é constantemente atendida em seus pedidos, impede-se o desejo e o sujeito de emergirem, corta-se o apelo ao outro e se sabota a invenção e a criação; sem um circuito longo da libido promovido numa castração dinamogênica e simboligênica, impossibilita-se o aparecimento do sujeito. Por isso, também podemos pensar que as superproteções ansiosas da mãe dificultam a simbolização de sua presença; o circuito presença-ausência precisa ser instaurado e ritmado pelo afeto para desempenhar um papel dinâmico no psiquismo da criança.

Segundo Dolto, se a mãe privilegia o fato de ser mãe em detrimento do fato de ser esposa, passamos a ver uma desorganização no casal e a criança pode regredir e ficar identificada com um bebê impotente e frágil, e seria patogênico para um filho ou filha ser o objeto erótico arcaico de uma mãe que não tenha uma atitude genital diante de um outro. A mãe ou o pai que colocam o filho ou filha nesse lugar de objeto erótico, num erotismo pedofílico, propiciariam na criança uma regressão e fixação fetichista, com uma inflação imaginária do despedaçamento dental ou anal, produzindo fantasmas a partir de uma supervalorização das pulsões orais. Assim, a criança sente que tudo pode ser cortado, picotado, triturado – inclusive ela mesma – e, logo, tudo à sua volta é permeado de perigo. Dolto diz que nessa desvitalização a criança fica impedida de se individuar e se aliena a um papel de animal doméstico, adestrada pelo adulto tutelar. Se o corpo do bebê é utilizado para aplacar necessidades da mãe, proporcionando-lhe um gozo, pode a criança despedaçar a si mesma, sentindo-se um pedaço de alimento ou de cocô; a mãe será sentida, imaginariamente, como uma boca despedaçadora, pela qual o filho ou filha precisa ser frequentemente abraçado(a) ou olhado(a), e a criança se torna objeto de possessão erótica.

A imagem inconsciente do corpo não é o esquema corporal e, segundo Ledoux (1991), é um conceito original relacionado com a prática clínica com crianças muito regredidas e que auxilia na apreensão das representações psíquicas primárias. Penso que a imagem do corpo é fundamental para visualizar, na transferência e nas produções plásticas da criança, a dinâmica inconsciente. A imagem do corpo é "eminentemente inconsciente" e "peculiar a cada um: está ligada ao sujeito e à sua história. Ela é específica de uma libido em situação, de um tipo de relação libidinal" (Dolto, 2002, p. 14). Entendo que, nas sessões de análise, as imagens do corpo se revelam, mesmo porque as representações precoces podem não ser figurativas, aparecendo apenas em um *a posteriori*, e pode-se, então, visualizar imagens fetais, respiratório-olfativas, orais, anais e fálicas que tentam se representar por meio dos desenhos e modelagens e que são pré-conscientes – e, assim, *a posteriori* tentam se configurar.

A imagem inconsciente do corpo se constitui a partir do prazer e do desprazer de algumas zonas erógenas e é uma memória inconsciente de uma vivência relacional ligada à história pessoal. No seu livro *A imagem inconsciente do corpo*, Dolto (2002) explica:

> *Ela pode ser considerada como a encarnação simbólica inconsciente do sujeito desejante e, isto, antes mesmo que o indivíduo em questão seja capaz de*

> *designar-se a si mesmo pelo pronome pessoal Eu e saiba dizer Eu. Quero dar a entender que o sujeito inconsciente desejante em relação ao corpo existe desde a concepção. A imagem do corpo é, a cada momento, memória inconsciente de todo o vivido relacional e, ao mesmo tempo, ela é atual, viva, em situação dinâmica, simultaneamente narcísica e inter-relacional: camuflável ou atualizável na relação aqui e agora, por qualquer expressão "linguageira", desenho, modelagem, invenção musical, plástica, assim como mímica e gestos. (pp. 14-15)*

Segundo Dolto, a imagem do corpo é suporte do narcisismo e, nela, o tempo se cruza com o espaço e o passado inconsciente vibra na vivência do presente: "No tempo atual sempre se repete em filigrana algo de uma relação de um tempo passado" (p. 15). E mais:

> *ao passo que a imagem do corpo se estrutura pela comunicação entre sujeitos e o vestígio, no dia a dia, memorizado, do gozar frustrado, reprimido ou proibido . . . É nisso que cumpre referi-la, exclusivamente, ao imaginário, a um intersubjetivo imaginário marcado de pronto no ser humano pela dimensão simbólica. (p. 15)*

Agnès Rassial e Jean-Jacques Rassial (1989) enfatizam a singularidade desse conceito e apontam que a imagem inconsciente do corpo se refere a um imaginário que, por ser intersubjetivo, fica marcado no humano na dimensão simbólica, pois ela é estruturada pela memorização das castrações:

> *ou seja, daquilo que se confirma apresentar-se, negativamente, como um "não" contido na fruição, cuja importância é fundamentalmente linguística. Longe de ser um prolongamento do fisiológico, da necessidade, do esquema corporal, da certeza de ser que se daria na imediatez experimentável da presença de si a si, a constituição da imagem do corpo é o lugar mesmo, a condição necessária da chegada do sujeito no mundo através da experiência do negativo, ou seja, do desejo. (p. 154)*

A imagem do corpo se estrutura na relação intersubjetiva e qualquer interrupção dessa relação, da comunicação, pode ter efeitos dramáticos. Por isso, Dolto (2002) afirma que, quando a mãe de um lactente desaparece por duas semanas, e depois desse período ela retorna, ele a vê como outra e ele também se tornou outro dentro de sua realidade, e assim o autismo pode instalar-se, porque "ele não encontra com o outro a sensação do ele de há quinze dias, ele não encontra em sua mãe nem a mesma mãe de antes, nem o mesmo ele" (p. 29). Igualmente, um filho primogênito que vê sua mãe retornar da maternidade sem o bebê em seu ventre e com um lactente nos braços sente uma mudança, porque ele esperava que a mãe chegasse em casa com uma criança de sua idade. Dolto afirma que, em ambos os casos, o fantasma que se tem daquilo que se espera não corresponde à realidade e, às vezes, existirá um efeito patogênico da discordância entre o imaginário e a realidade. A psicanalista acredita que as crianças devem ajustar constantemente o fantasma que deriva de suas relações passadas às experiências da realidade atual, e esse ajuste permanente acompanha o crescimento contínuo do esquema corporal e as transformações da imagem do corpo.

Dolto relaciona a necessidade e o desejo com os conceitos de imagem do corpo e de esquema corporal; o desejo procura se satisfazer nas expressões da palavra, das imagens e dos fantasmas. A necessidade pode, por um curto período, ser adiada pela palavra porque ela deve ser satisfeita no corpo, pois com ou sem prazer ela precisa ser saciada para que a vida do corpo permaneça. Por isso, Dolto (2002) afirma:

> *É o que explica, inversamente, que o viver em um esquema corporal sem imagem do corpo seja um viver mudo, solitário, silencioso, narcisicamente insensível, nos limites da miséria humana: o sujeito autista ou psicótico permanece cativo de uma imagem incomunicável, imagem animal, vegetal, ou imagem de coisa, onde só pode manifestar-se um ser-animal, um ser-vegetal ou um ser-coisa, que respira e pulsa, sem prazer nem dor. (p. 30)*

Existe uma insistência no pensamento doltoniano de que é por meio da palavra que desejos podem se organizar em imagem do corpo, ainda que o objeto do desejo não esteja mais ali: "Faço questão de insistir no fato de que, se não houve palavras, a imagem do corpo não estrutura o simbolismo do sujeito, mas faz deste um débil ideativo relacional" (Dolto, 2002, pp. 30-31). Ela também afirma que, se as palavras, ou mesmo sons, não significam para o sujeito-criança uma comunicação de uma pessoa para com sua pessoa, poderá existir uma brecha na simbolização capaz de resultar na esquizofrenia. Nos débeis de aparência clínica, ela diz que o problema está no adormecimento da potencialidade de simbolizar a imagem do corpo. Para os esquizofrênicos, a potencialidade de simbolizar a imagem do corpo foi interrompida em certa época e não existiram palavras vindas da pessoa com quem a relação era estruturante, na relação de amor, levando a criança a simbolizar por si mesma tudo o que vive, mas em um código não mais comunicável. Ou as palavras não foram ditas a sua pessoa, ou o que a criança ouviu foram palavras que não eram sentidas, palavras que não estavam de acordo com as emoções que deveriam expressar; Dolto as chama de "palavras-barulho", sem valor emocional verídico, sem a intencionalidade de comunicar vida e o amor ou o ódio do sujeito que falou à criança e a quem a criança falava.

Também gostaria de acrescentar que, com seu conceito de narcisismo fundamental, Dolto sustentou que o ser humano é desde sua origem, em sua concepção, um ser de linguagem e uma fonte autônoma de desejo. Nesse sentido, ela tem um lugar singular entre os psicanalistas, sustentando que a unidade do sujeito é primordial. Por isso, em sua teoria, as etapas do desenvolvimento possuem outra significação, "não é o Sujeito que se constrói nelas, e sim sua relação com o desejo" (François, 2001, p. 166), e os estádios são provas a se passar por castrações que, se humanizantes, se tornam castrações simboligênicas.

A psicose para Dolto concerne à imagem do corpo, e não ao sujeito, sendo a expressão de uma alienação numa imagem do corpo arcaica que se furtou às castrações simboligênicas. Segundo François (2001):

> *Não é a ordem simbólica em si que é excluída da cena psicótica, mas apenas seus efeitos de "marcação", em etapas precoces e decisivas do desenvolvimento. Em outras palavras, falta uma castração simboligênica na origem da psicose, e o Sujeito fica alienado numa ética arcaica do desejo. A falta da castração simboligênica era, para Dolto, a própria definição do trauma: um*

> *acontecimento não é traumatizante em si – traumático é o fato de ele não ter podido ser simbolizado, por não ter sido articulado com uma castração simboligênica. (pp. 168-169)*

A castração simboligênica libera o desejo humano do objeto imaginário em que a simples repetição do prazer o aprisiona e, assim, o faz surgir pela palavra, fazendo com que a vivência da castração seja uma encruzilhada original do sujeito ao outro e ao Outro. A castração dada a uma criança por um adulto com uma palavra verdadeira – e ele, adulto, também submetido a essa mesma castração – possibilita à criança renunciar a um desejo anterior que agora não é mais possível de ser vivido e, a partir dessas palavras, se esclarece a dinâmica de seu corpo e a possibilidade de fazer com que uma palavra se torne sua. Dessa maneira, a castração simboligênica envolve as palavras verdadeiras provenientes dos pais, fazendo referência à lei, devendo manifestar um interdito.

Dolto procurava escutar o desejo com seus ouvidos e, com toda a extensão de sua pele, abrir-se para dar acesso ao Outro e encontrar naquele que falava o sujeito do desejo.

Entrevista com o pai de Dominique

A segunda sessão de Dominique é precedida pela entrevista da analista com seu pai. No que tange às considerações feitas pelo pai a respeito do filho, fica a ideia de que ele sempre fora uma criança difícil e exigente e a observação das cabeçadas que dava no berço, quando bebê, para chamar a atenção da mãe, que cedia aos apelos. E o pai afirma que Dominique não é igual a ninguém da família – "ele é de outro planeta". Quando a analista pergunta a respeito de afeto do filho para com o pai, o sr. Bell responde que Dominique gosta é do tio Bobbi, marido da irmã do pai, e comenta que ela foi a primeira menina que apareceu na família Bell em 150 anos. Ainda falando sobre o filho, conta que ele estava muito mudado, oferecendo-se para fazer coisas, tanto que fez uma torta de cerejas sozinho, e o pai pensou na profissão de cozinheiro para o adolescente, mas também na de sapateiro; o sr. Bell tem esperança de que o filho se torne sociável. Ele conta que ajudou a fazer o parto de Dominique, que nasceu antes do médico chegar, e que ele nasceu coberto de penugem e parecia "um macaco", e a esposa o achou muito feio. Afirma que Dominique não consegue fazer amigos com facilidade e, quando a família está na praia, ele aceita ficar perto de crianças menores que ele, de 7 ou 8 anos de idade. O pai concorda com o tratamento psicoterápico do filho, apesar de não ter esperança, e diz que seria bom se conseguissem mantê-lo como ele estivera nos últimos quinze dias. A pedido da analista, o sr. Bell diz a Dominique que estava de acordo com o trabalho conjunto com a senhora Dolto, após a volta às aulas. A analista comenta que pretendia fazer uma sessão curta com o adolescente, porém, prolongou-a por ela apresentar compreensões para o diagnóstico do caso.

Segunda sessão com Dominique: o não ser verdadeiro, o sonho, Troia, três, os mortos

Dominique entra na sessão falando que, para evitar que fiquem atrás dele, era necessário que ele saísse disso. Dolto pergunta se ele tem vontade de sair disso e ele responde que sim, com certeza, inclusive porque ele sonhava quando tinha 10 anos.

Dominique parece se referir a sair dessa posição de "ser de outro planeta", posição dada pelo pai e pela família que não o reconhece como igual, como disse o pai, "Não é alguém igual a nós". O interessante foi o adolescente dizer que sonhava, como quem diz: "Eu tinha sonhos como todos eles (família)", e como quem diz também: "Até os meus 10 anos eu ainda sonhava em sair disso".

Gostaria de ressaltar a semelhança do conteúdo do início do diálogo da segunda sessão com a primeira, a qual ele inicia dizendo a Dolto que sente que não é como todo mundo. Na segunda, ele afirma que precisa sair disso para que parem de persegui-lo, como que atestando que reconhece que não ser como todo mundo é algo que precisa parar. Com relação a dizer que sonhava, eu vou optar por realizar a hipótese de que, até certa idade (talvez 10 anos) ou ainda na primeira infância, por ele se dizer ruim de contas, Dominique sonhava em encontrar uma identificação possível no outro de maneira a fazê-lo se sentir narcisado e pertencendo a uma genealogia, inserido em sua linhagem, ser-Bell.

Na primeira sessão, ele faz alusão ao dormir e acordar e diz que pensa, após despertar, que passou por uma história verdadeira. E Dolto completa dizendo "que o tornou não verdadeiro", e Dominique concorda com a analista. Ou seja, algo que ele sonhou, uma história verdadeira, o tornou não verdadeiro. Minha pergunta é: o que no sonho estava aparecendo como história e que nos conta desse inconsciente? Que sonho/história fez com que Dominique não se tornasse verdadeiro?

Voltemos à segunda sessão. Dominique vai contar sobre sonhos em que se perdia em uma estação de trem. Será esse o sonho que o tornou não verdadeiro, sem possibilidade de ser inserido em uma genealogia? Será esse o sonho do tempo em que Dominique ainda pensava ser possível "sair disso"? Sair disso o quê?

No sonho, ele se perde em uma estação de trem e lá encontra uma feiticeira que só lhe dizia "crac, crac, crac" (ele executou, com uma mão sobre a outra, um gesto de esmagamento). Ele busca uma informação, mas aquilo o deixa nervoso e ele não quer complicações, sobretudo porque isso está se passando em uma estação de trem. Às vezes dá jeito de prestar algum serviço, mas não consegue e diz que ninguém precisa dele. Acrescenta para Dolto a fala de ter de esperar possuir 500 francos e assim ser rico, mas que isso poderá demorar muito e que é preciso ter paciência.

Vamos primeiro para as associações de Dolto. Ela toma a estação de trem como o local da própria sessão ou mesmo o dispensário/centro de tratamento em que estavam e onde as pessoas procurariam obter uma informação, um ensinamento (por causa da homofonia em francês entre as palavras informação e ensino – *renseignement, re-enseignement, enseignement*). Dominique encontra uma feiticeira que ela interpreta que é ela mesma, Dolto, e que fala três cracs, três "mentiras", novamente uma homofonia provocada pelo som das palavras *crac* e *craque* – que significa "mentira" em francês. A analista ainda endossa que esse "crac" com mímica de esmagamento é a única dinâmica que contém uma representação de imagem do corpo formal, que é ser colocado entre mandíbulas que trituram, e acrescenta que Dominique deve transferir isso para ela e que é um modo de contato perigoso em relação à oralidade. Pergunto: Dominique transfere para Dolto uma imagem inconsciente do corpo oral de sua relação arcaica com a mãe?

Bem, vou agora associar livremente as imagens do sonho a partir do que me parece e, quando possível, com os conceitos de Dolto. Sim, o sonho é muito claro. Dominique está perdido. O local, cenário, é uma estação de trem. Por algum motivo é como se ele estivesse em uma jornada, a caminho, chegando/indo a algum lugar. Ele encontra uma feiticeira que lhe diz mentiras, a feiticeira Dolto, a mãe (condensada na transferência) lhe diz mentiras. Como ele endossa a palavra-som, "crac", com uma mímica de esmagamento com as mãos, eu vejo na fantasia de trituração, de esmagamento, uma atualização da imagem inconsciente do corpo oral e anal e que essa figura feminina, feiticeira, evoca as pulsões orais canibais e um fantasma de destruição. Como ele a representa com as mãos, percebo claramente estas como um equivalente da boca/mandíbula, ou seja, a fantasia persecutória de esmagamento é oral e anal, indicando que Dominique ficou com falhas em ambas essas castrações e que buscou na mãe/feiticeira uma orientação, porque está perdido, mas ela só lhe disse mentiras, não verdades, e isso fez com que sua imagem de base se sentisse ameaçada. Apesar de ter entrado na linguagem e ter tido um desenvolvimento normal até o nascimento da irmã, logo após, Dominique regrediu da imagem do corpo anal para a oral e, ainda por cima, por ter sido autorizado a voltar a mamar na mãe, que cedeu aos seus pedidos, regrediu para uma oralidade canibalesca e predatória, numa lógica de devoração e aniquilamento.

Retomemos a história de Dominique. O seu próprio nascimento, apesar de desejado pelos pais, não produziu uma filha, como esperado pelos genitores. Dominique nasceu "peludo e moreno", foi considerado feio e distante de uma identificação com a família paterna, ferindo o narcisismo de sua mãe, mulher totalmente identificada a esse papel, "150% mãe", disse o sr. Bell. Apesar de solicitar a presença materna dando cabeçadas no berço até se machucar, Dominique não apresentou problemas até o nascimento da irmã. Percebo que esse nascimento provocou uma regressão e uma dessolidarização na imagem inconsciente do corpo de Dominique. Ele é enviado por dois meses à casa dos avós paternos na ocasião do nascimento da irmã (sem nenhuma explicação) e na volta o seu berço está ocupado por ela. Vejamos: o berço é algo de muito valor para o pai de Dominique, que lembra muito bem do berço vazio de sua própria infância – por causa de seu irmão caçula (segundo depois do sr. Bell), que, com 1 ano e meio, engoliu uma peça do trem do pai de Dominique e morreu; ressalto que desde essa lembrança o sr. Bell não deixava o berço ficar vazio no quarto conjugal.

Ora, Dolto ensina que na primeira infância, para que a imagem do corpo da criança se organize, precisa existir um contínuo de percepções repetidas e reconhecidas sobre o qual se alternam percepções ausentes e presentes e outras desconhecidas e novas, e, nesse sentido, é preciso que o adulto próximo dê palavras, sonoridades a essas percepções. Algumas percepções vão se associando à presença materna pois esta nomeia coisas, assim, a ausência da mãe e, em seguida, seu retorno permitem à criança a memorização do elo sensório que a une à mãe. Dessa maneira, quando ela não está, tudo aquilo que a mãe humanizou com sua presença (palavras, motricidade, manipulação...) testemunha no espaço aquilo que figura como uma segurança existencial para a criança com menos de 4 anos. É por isso que existem os chamados objetos "mamãezados", objetos que trazem a presença reasseguradora memorizada da mãe:

> *Dentre estes, pode-se contar os objetos usuais do quadro espacial habitual da criança, os brinquedos que a mãe lhe nomeia, os animais familiares e, sobretudo, as pessoas do meio circundante, com as quais a mãe se comunica através da linguagem e que, por conseguinte, se especificam para a criança como outros seres humanos deste primeiro outro eleito que é a mãe. A criança, graças a este elo introjetado, símbolo de seu narcisismo fundamental, até então, a todo momento, em seu corpo inteiro, "coesada". (Dolto, 2002, pp. 55-56)*

O berço parece ser um objeto mamãezado; por meio dele, das cabeçadas, Dominique reassegurava a presença da mãe. Mas esse berço também contém o pai, "o berço vazio"/"o berço não pode ficar vazio". Por meio do berço, Dominique reassegurava seu lugar no amor da mãe e na linhagem paterna. A perda do berço após uma longa separação da mãe e da família, a ausência de palavras verdadeiras, os não ditos (crac, mentiras) produziram um choque. Afinal, "berço vazio" equivalia a bebê morto, ao tio, irmão caçula do pai. Agora existia uma menina loira no berço e não um menino moreno; onde ele, Dominique, foi parar? Dominique não encontra mais o mesmo berço "mamãezado" e não se reencontra mais. Está perdido porque a relação com sua mãe faltou por muito tempo e, segundo Dolto (2002), se isso acontece, tecem-se percepções despedaçadoras:

> *O despedaçamento fantasmático de si mesmo e do mundo ambiente decorre da imagem (metáfora) do funcionamento alimentar e da excreção (mandíbula e ânus) que o esquema corporal humano condiciona; este condicionamento está na origem da discriminação entre necessidade e desejo, ele é a referência comum da relação de comunicação com a mãe, comunicação de psiquismo a psiquismo, contaminada pelas percepções de comunicação substancial de objeto parcial oral e de objeto parcial de excreção, prazeres de ternura, que acompanham o corpo a corpo durante os cuidados de necessidade, trocas, alimentação e higiene. Quanto mais a relação com a mãe for continuamente vivente em relações sutis vocalizadas, visuais, olfativas, mímicas, animadas e lúdicas fora dos momentos de manipulação para o cuidado com o corpo de criança, menos os fantasmas de despedaçamento se estabelecem e perduram. (p. 56)*

Voltemos ao sonho. Dominique conta que tenta dar um jeito de prestar algum serviço, mas não conseguia e ninguém precisava dele. Eu diria que a imagem do corpo anal ficou totalmente comprometida, afetando as mãos e o fazer de Dominique; ninguém precisava de seus serviços, ninguém considerava que o que ele fizesse pudesse ter valor. Afinal, ele é ruim de contas. Então, eu penso que outro tema da analidade aparece quando, além de dizer que é ruim de contas, ele diz que, se esperar ter 500 francos, ficará rico. A simbólica anal aparece como pauta: contas, números, dinheiro, ser rico. Com atenção flutuante, o que me ocorre é que, se ele tiver dinheiro, tiver a retenção esfincteriana (tiver a mamãe?) e a capacidade de mostrar que seus produtos, sua ação (manipulação das mãos) sobre o mundo têm valor e que precisam dele, ele, Dominique, poderá ser um sujeito.

Por isso eu penso que pelo sonho, história verdadeira, Dominique acordou e não se tornou verdadeiro; perdido em uma estação (penso: perdido no corpo materno?), preso às mandíbulas fusionais de sua mãe feiticeira, sentiu-se esmagado, triturado, e ela lhe disse mentiras, três *craques*, três não verdades. Dominique buscava uma informação/ensinamento, ou seja, queria uma resposta, uma palavra, e isso o deixava nervoso porque não queria complicar tudo. A oralidade regressiva (ele pôde voltar a mamar na mãe) instalou fantasias persecutórias e com estas apareceram mecanismos fóbicos. Como a analidade também foi atingida, em primeiro lugar, pela dinâmica desvitalizante (enurese e encoprese), a destrutividade também passa pelas questões anais e, por isso, o ser no mundo de Dominique não consegue provar seu valor, ninguém precisa dos serviços dele. Mas, a partir do sonho, eu perguntaria se toda a questão pode ser resolvida se ele retomar a imagem do corpo anal, conseguindo esperar e reinvestir – "esperar ter 500 francos" –, ter/reter o cocô. Penso numa possibilidade de resposta se Dominique ativasse a dinâmica do controle esfincteriano, a independência do corpo a corpo com a mãe e também conseguisse ativar suas mãos (equivalentes simbólicos da boca) prestando serviços, se fazendo necessário e também desinvestindo suas próprias mãos de serem sentidas como destrutivas/esmagadoras.

Considero esse um sonho diagnóstico. Dolto considerou essa uma sessão diagnóstica.

Depois, Dolto (2010) lhe falou da entrevista do pai e pediu que Dominique lhe contasse o que fez enquanto esperava por sua própria sessão. Ele lhe mostra uma modelagem e diz que é "um personagem" e que "ele teria ideias próprias". Depois de um tempo sem entender direito o que o adolescente falava, a analista faz uma intervenção e pergunta sobre o desenho: o que era?

Ele respondeu: "É um barco da guerra de Troia, um barco dos troianos; estavam dentro, poderiam estar mortos, os mortos também. Casas também sobre barcos, levam tudo, não acreditavam, não é água" (p. 44).

Dolto pensa no Egito, nau dos mortos, cavalo de Troia. Ele acrescentou algumas palavras e ela escutou *trois* (três), evocando mais o algarismo que a cidade. Na sequência ela intervém perguntando se é sobre o três que ele está falando, e Dominique responde: "3 vezes 3 dá 9, e 9 dividido por 3?... Mudando de tom: Ele não sabe!!!! Mas dizem que dá no mesmo, é só fazer uma divisão ao contrário para que seja uma multiplicação... e ele não entende nada dos três!" (p. 46).

Na sequência, Dolto tenta mostrar a ele o processo de multiplicação e divisão. O paciente demonstra sua incapacidade para considerar um dado de três elementos. Só faz com os números relações de adição ou subtração.

A analista pergunta a ele a respeito de suas palavras. Sobre a Guerra de Troia, ele responde: "é a história de um barco que entrou com mortos para ganhar a guerra" (p. 47). Dolto pergunta onde e ele não responde. A analista diz não encontrar um sentido para o significado literal de suas palavras.

Minha amplificação e também interpretação sobre parte dessa sessão passa pela questão da Guerra de Troia, do número três e do barco com mortos.

Ao buscar fontes de informação, eu noto que a Guerra de Troia como descrita por Homero seria, para os estudiosos da Antiguidade, uma lenda, ou seja, essa guerra jamais aconteceu e Troia nunca existiu. Ora, Dominique, em sua primeira sessão de análise, disse que às vezes, quando acordava, achava que tinha vivido uma história verdadeira. Já na segunda sessão, vemo-nos confrontados novamente com a força do tempo psíquico que teima em dizer a Dominique que parece que tudo o que ele vive não é uma realidade de fato, mas outra realidade, muito parecida com Troia, pois, afinal, essa cidade existiu ou não? A pergunta a ser feita é se Troia existiu ou se, escondida na metáfora dessa mítica cidade-Estado, está uma questão dirigida ao sujeito do inconsciente: Dominique existe?

A história dessa cidade é marcada pelo rapto de Helena, considerada a mulher mais bela do mundo. E eu interpreto que teremos a repetição da Belle (bonita), bela, Bell, que poderá ser roubada e que apareceu também como tema na primeira sessão de análise de Dominique, como a criança suja que os ladrões podem roubar (e que Dolto aponta ao paciente que é uma fantasia de que roubem sua irmã). Acontece que a bela Helena precisa ser resgatada e é isso a Guerra de Troia; no seu sentido lendário, ganhar a guerra foi trazer Helena de volta a Esparta. O barco com troianos é para a guerra; para resgatar a mais bela (Bell, o sobrenome da família de Dominique, deverá ser resgatado?). Acontece que os troianos são mortos; são os mortos que são enviados para ganhar a guerra, ganhar é resgatar a bela Helena (resgatar a linhagem Bell?), resgatar a beleza, resgatar a linhagem paterna. Assim, finalizando minha interpretação, os mortos (irmão caçula/morto do pai, irmão perdido/morto do pai e Dominique, que sumiu por dois meses e não voltou a ser desse mundo, "ele é de outro planeta"/ morto para o mundo) devem ir a Troia/três, ir a três, ir os três para resgatar a belle, os Bell, a linhagem paterna, o que ficou perdido nesta genealogia (são necessárias três gerações para produzir uma psicose). E, aqui, eu digo que Dominique se faz metáfora e metonímia da linhagem paterna e repete o que Dolto tanto ensinou sobre herança, dívida e genealogia, ou seja, que toda a concepção humana é linguageira, simbólica, e os filhos são portadores das dívidas dos pais, no sentido de uma dinâmica não resolvida do que foi mal vivido e recalcado. Segundo Ledoux (1991), "Françoise Dolto chega a dizer que 'o corpo da criança é a linguagem da história de seus pais'" (p. 64).

Se Dominique está perdido (na estação, não se encontra mais no berço e neste está sua irmã, uma bela menina) em outro mundo, o que resta? Eu penso que ficou como única possibilidade de existência fazer uma identificação imaginária com a irmã, Sylvie, e ser esse *corpo/Dominique/Sylvie/S'il vit/Ele vive*, um corpo-necessidade em um sujeito sem desejo.

Comentários finais

O tempo de ver, de compreender e de concluir aparece na dinâmica das sessões de Dominique – que possui inicialmente uma obediência a um tempo outro: o do inconsciente. Procurei marcar, com as amplificações que fiz do material da primeira e da segunda sessões da análise, as metáforas e metonímias incrustradas na imagem do corpo de Dominique e grafadas no tempo inconsciente que, com sua lógica peculiar, teima em se repetir nas sessões se utilizando da transferência com a analista.

Dolto acerta porque não acelera nada. Não interpreta. Apenas possibilita a Dominique, na transferência com ela e na produção de suas modelagens e desenhos, um tempo para atualizar as imagens inconscientes do corpo arcaicas e, com sua escuta atenta, testemunhar a história do sujeito e de uma genealogia. O tempo para compreender começa com a ignorância da analista, governado pela antecipação do significante, aqui, no caso, representado inicialmente pelas produções gráficas e plásticas do paciente. Dolto não se apressa em concluir, em fechar para Dominique nenhuma interpretação, e assim deixa aberta a porta para o Outro e a fecha para o *acting out*. Para a análise produzir uma atualização das imagens do corpo, na transferência e por meio das modelagens, desenhos e falas de Dominique, Dolto explicitou castrações, interditos, principalmente a castração primária e edípica, nos quais vemos a importância da enunciação, do momento e do ato de dizer, mas também do ato de calar, de fazer silêncio e apenas testemunhar.

Dolto diz que há no analista uma transferência específica, pois este tem fé no ser humano. Sua vida testemunhou isso, essa fé e essa força de vontade, ambas intensas, e foi dedicada à clínica de seus pequenos pacientes que nos inspiraram e inspiram, tanto é que estamos aqui, atentos, ainda escutando suas histórias e deixando que seu arco batendo no tambor de toda a sua pele ressoe em nossos ouvidos e produza o efeito de uma escuta aberta ao Outro.

Referências

Dolto, F. (2002). *A imagem inconsciente do corpo*. São Paulo: Perspectiva.

Dolto, F. (2010). *O caso Dominique*. São Paulo: Martins Fontes.

François, Y. (2001). Um caso de adolescente de F. Dolto: Dominique ou o adolescente psicótico. In J.-D. Nasio (Org.), *Os grandes casos de psicose* (pp. 159-188). Rio de Janeiro: Zahar.

Ledoux, M. H. (1991). *Introdução à obra de Françoise Dolto*. Rio de Janeiro: Jorge Zahar.

Montrelay, M. (1989). O tambor e o arco. In M. Cifali (Org.), *Seguindo os passos de Françoise Dolto* (pp. 219-230). Campinas: Papirus.

Peraldi, F. (1989). 1760 ou Dolto no exílio. In M. Cifali (Org.), *Seguindo os passos de Françoise Dolto* (pp. 129-148). Campinas: Papirus.

Rassial, A., & Rassial, J.-J. (1989). Da imagem inconsciente do corpo. In M. Cifali (Org.), *Seguindo os passos de Françoise Dolto* (pp. 149-174). Campinas: Papirus.

Roudinesco, E., & Dolto, F. (1989). Elementos para uma história. In M. Cifali (Org.), *Seguindo os passos de Françoise Dolto* (pp. 9-36). Campinas: Papirus.

O caso Dominique e os pais na análise de crianças

Cybelle Tastaldi Al Assal

Gostaria de propor uma reflexão sobre o final da análise do caso Dominique, a maneira como foi anunciado e as escolhas clínicas de Françoise Dolto naquele momento. A discussão do término da análise de Dominique pretende abrir o campo para pensarmos mais especificamente no papel dos pais na análise de crianças e adolescentes, pois, como veremos, a influência dos pais de Dominique foi crucial para os destinos de seu tratamento. Para tanto, nos deteremos principalmente na última sessão do atendimento e nos encaminhamentos dados por Dolto. Antes, porém, de adentrarmos na última sessão propriamente dita, penso ser interessante acompanhar brevemente o que ocorreu na penúltima sessão, para compreender a continuidade daquilo que já estava sendo anunciado.

Na penúltima sessão, a mãe de Dominique, sra. Bell, anuncia, em conversa privada com Dolto, a melhora do filho, reconhecida pelo diretor da escola. O diretor havia sugerido à sra. Bell, em vez de curso técnico, deixar Dominique mais um ano em classe especial para recuperar o atraso escolar. A mãe menciona também uma melhora no âmbito da família, dizendo que ele "agora vive no mesmo plano que nós" (Dolto, 2010, p. 149). Dominique passou a se interessar pelas conversas, pela televisão, na rua começou a andar no mesmo passo que a família, ao invés de ficar à frente ou atrás, como antes, quando andava sempre sozinho. Outra mudança observada foi o fato de que ele passou a não deixar mais que os irmãos zombassem dele.

Ao lado desses anúncios felizes, a mãe coloca, no entanto, uma preocupação: "é meu marido, ele diz que estamos perdendo tempo e dinheiro" (p. 150). O sr. Bell quer que Dominique seja colocado em um ensino para deficientes, e acha que nada mudou nas condições do filho. Não acredita que as palavras mudem alguma coisa.

"Enquanto não houver meio cirúrgico para curar essas crianças, não se pode fazer nada. Para ele Dominique é anormal. É preciso aceitá-lo e é só" . E continua expondo suas dúvidas e angústias: "Não sei se devo fazer aquilo que meu marido quer. O que a senhora acha?". Dolto responde: "acho que deve continuar o tratamento, seja o que for que ele faça no ano que vem..." (p. 150).

"Sim, essa é também minha opinião. E realmente, em casa, ele já não incomoda nada" (p. 150). Comenta que a professora o percebe mais interessado e reflexivo, e que acha, assim como o diretor, que ele deveria ficar mais um ano na escola para obter o certificado. O pai, contudo, quer que ele vá para um curso técnico. Dolto pergunta à mãe a opinião de Dominique, e a mãe explica que, "se o pai estiver de acordo, [ele] gostaria de tentar obter o certificado", e menciona que ele acredita pouco em sua capacidade de êxito: "sempre se julgou incapaz" (p. 151).

Ao final do relato da conversa com a mãe, Dolto observa que "a entrevista termina sem que algo fosse decidido e sem que eu tenha dado à mãe o conselho solicitado" (p. 151). Curiosamente, Dolto termina assim sua conversa com sra. Bell, o que causa estranhamento, uma vez que ela havia dado um claro conselho quando a mãe solicitou. É interessante destacar que Dolto costumava trabalhar com entrevistas com os pais, por vezes com e por vezes sem a criança presente. Essas conversas aconteciam antes da sessão com a criança, ou depois, de acordo com a demanda. Também havia conversas exclusivas com os pais (juntos ou separados), quando Dolto os chamava fora do contexto da sessão da criança.

Quando Dominique entra para sua sessão, Dolto faz um resumo da conversa que teve com a mãe e expressa que espera vê-lo no ano seguinte, qualquer que seja seu encaminhamento: certificado escolar ou curso técnico. Esta era a última sessão do ano, antes das férias. Dolto também menciona ao menino o que a mãe havia informado sobre a opinião do sr. Bell sobre a análise do filho. Dominique não se surpreende com o posicionamento do pai: "já imaginava que, para ele, não deve servir de nada eu vir aqui, porque isso custa dinheiro, a senhora sabe... Antes, eu também pensava que não servia de nada, agora acho que serve para alguma coisa, e muito" (p. 152).

Dominique faz a modelagem de um homem que ele afirma estar doente, "uma doença do coração de infância" (p. 154), e que o boneco se submeterá a uma cirurgia para ser curado. Dominique descreve os problemas do boneco e vai realizando as alterações cirúrgicas necessárias. Dolto observa para si que a cirurgia é o que o pai gostaria para Dominique, e acaba externando para ele que: "seu pai acredita na cirurgia, mas não na medicina" (p. 156).[1] Dominique ignora a observação. No final da sessão, antes de ir embora, Dominique se lembra de que esqueceu o guarda-chuva dentro do

1 Salientamos que na visão de medicina de Dolto cabe a noção de psiquismo. Como médica pediatra, Dolto sempre pressupõe que está diante de um sujeito com uma história familiar, e não apenas diante de um conjunto de sintomas.

boneco. Abre-o delicadamente, encontra os órgãos e tira o lápis amarelo de dentro do boneco, "que tinha colocado antes no fundo, sem dizer uma palavra" (p. 157). Quando termina, fecha tudo e diz "*pronto, morreu, estamos livres dele!* Amassa a modelagem e coloca a massa em sua caixa, dizendo até logo" (p. 157, grifo nosso). Na saída pergunta ansioso para a mãe se ainda voltará depois das férias. "Certamente, diz a mãe, enquanto for necessário" (p. 157).

Dolto (2010) faz uma série de reflexões sobre a sessão descrita e afirma:

> *Creio que essa vontade do pai, se ela se opuser à continuação da psicoterapia, pode ser tomada por Dominique como um "desmame" em relação a mim, uma separação sem trauma intenso demais: pois Dominique é muito positivo em relação a tudo o que vem do pai. Para o bem de sua estrutura, isso atualmente é algo a ser preservado. Creio também que, mais cedo ou mais tarde, esse rapaz retomará uma psicoterapia se ele sentir inibições ou sintomas. É certo que dificilmente pode evoluir, fora da neurose, num meio familiar que se acomodou tão bem à sua psicose: sua cura e sua retomada do curso normal da vida deve provocar sérios problemas libidinais no irmão e no pai, que não poderão ajudá-lo, nem um nem outro. (p. 160)*

Na sessão seguinte, depois das férias, Dominique não compareceu e a mãe escreveu uma carta anunciando uma visita para a semana seguinte.

Na carta, a sra. Bell descreve que o filho estava muito feliz e adaptado durante as férias, conseguindo ficar na companhia dos mais próximos da sua idade (12-13 anos), enquanto nos anos anteriores procurava a companhia dos muito pequenos (3-5 anos). Os pais das crianças elogiaram a gentileza e a paciência de Dominique e nem "notaram seu atraso" (p. 161). Relata que o filho foi ao cinema com um amigo e os pais do amigo. No cinema, Dominique achou que não havia pagado o ingresso e não compreendeu que os pais do amigo já haviam pagado a parte dele. Quando Dominique comentou com os pais do amigo sobre o pagamento, eles responderam que ao fim acertariam as contas. Dominique então, na saída, jogou o dinheiro dentro do guichê. Esse episódio, em meio a uma série de eventos que falam da melhora de Dominique, parece mostrar como ele ainda apresentava certa dificuldade de interpretar as situações, demonstrando uma concretude na compreensão dos eventos, assim como uma forma rígida de adaptação. Na escola, a mãe relata que ele está refazendo a classe especial, obtendo progressos, e está muito feliz. No que se refere às consultas, relata que o marido acha que a "medicina da alma é somente conversa mole". Descreve-o como homem de negócios, que vive somente com números e máquinas, ficando em casa apenas dois dias por semana. Conclui que, se um dos filhos tivesse se tornado engenheiro, "talvez o olhasse com algum interesse", mas o mais velho é artista, o que causa desprezo, Dominique é "uma fonte de preocupações" e Sylvie "não passa de uma menina" (p. 162) e, ainda por cima, "pervertida" pela mãe, que a fez se interessar por letras.

> *Portanto, visto, arquivado, acabado, não se fala mais nisso. Se é para gastar dinheiro com ele, mais vale pagar aulas de aritmética. Quanto a mim, sou muito grata à senhora por tudo o que fez por ele, pois a senhora o tornou sociável como os outros. Penso frequentemente que, em vez de trazer o filho, é o pai que deveria ter vindo para a senhora fazer dele um pai de família normal. (p. 163)*

No dia da consulta, Dolto resume o conteúdo da carta para Dominique na presença da sra. Bell. O menino nada sabia do término da análise, mas declarou à mãe já desconfiar daquilo que escreveu. Porém, a sós com Dolto, afirma que tinha esperanças de poder retomar seu tratamento. Dominique reconhece que o tratamento permitiu que ele ficasse na escola, mas que estudar o impediu de "encontrar uma colocação definitiva e não lhe custar [ao pai] mais nada" (p. 163). Para o pai, o atraso do filho é irrecuperável, sendo melhor nem ter tentado a cura.

> *Não digo que ele não tenha razão, é meu pai, sei bem que não está errado, não se deve dizer isso do pai, e além do mais, gosto dele. Mas estou contentíssimo de ter sido tratado pela senhora... mas eu o entendo... como nunca serei engenheiro, não vale a pena gastar o dinheiro dele. (p. 163)*

Dominique faz previsões de um futuro em que ele mesmo, ganhando seu dinheiro, pagará pelas sessões com Dolto. "Mas não é para já... paciência" (p. 164).

Seguindo com sua sessão, Dominique faz "conserva humana" trabalhando com a massinha: "É muita maldade" (p. 164), ele anuncia. Em sua brincadeira a pessoa recebe um sonífero, cai em uma armadilha e entra em uma fábrica de latas de conserva. No fim da fila de máquinas, há chucrute humano. Na fábrica há apenas conserva de homens loiros. Algumas associações nos ocorrem em relação à brincadeira criada por Dominique, que parece realizar nela sua agressividade, que surge após uma aparente resignação em relação à interrupção de seu tratamento. O menino, após mostrar-se cordato e conformado com o discurso paterno que retirava qualquer investimento (material, emocional) de sua análise, introduz na brincadeira não apenas sua reação agressiva ao arbítrio paterno, mas também, por meio dessa agressividade, seu próprio desejo de continuar a ser atendido por Dolto. Curiosamente, são os homens loiros aqueles que são enlatados e comestíveis, o que remete ao fato de Dominique ser o único moreno entre os outros membros de sua família, que são todos loiros. Há também certa desvalorização que acompanha o fato de Dominique ser moreno, tendo herdado tal traço do avô materno, com quem sua mãe tinha dificuldades de relacionamento. Quando nasceu, Dominique era "moreno e peludo" como o pai da sra. Bell, que confessou achar o filho "muito feio".

Na continuação da brincadeira dos loiros enlatados, Dominique também manda para a fábrica de conserva humana os chatos, os preceptores (que soa como *père mère* – "pai mãe" em francês), os padres. Dominique parece também expressar sua agressividade a respeito das figuras de autoridade, daqueles que decidem seu destino.

O paciente apresenta então uma fala com associações mais delirantes e passa a contar uma intrincada história que classifica de "um filme ou como um filme" (p. 165). Não reproduziremos aqui a história, por sua grande complexidade, mas ela é importante por levar Dolto a interpretar o quanto Dominique se sentia responsável pelo afastamento de seu pai, pois foi quando ele nasceu que o pai começou seu trabalho em que viajava muito. Além disso, Dolto, a partir da fala de Dominique, também interpreta que, para ele, o interesse por mulheres seria algo condenável, "pois no seu entender seu pai não se interessa pelas mulheres, mas, no entanto, ele fez filhos na sua mãe" (p. 166).

Dolto relata o silêncio que se segue após sua fala de que o tempo havia terminado e parecia não haver mais nada a dizer. Antes de partir, no entanto, Dominique quer fazer duas latas de conserva humana: "São dois louros em chucrute" (p. 166). Dolto responde que os loiros eram seu pai e seu irmão. Dominique ri às gargalhadas.

Ao final, a mãe pede para falar com Dolto novamente, dessa vez junto com Dominique.

Sra. Bell: "Então, doutora, a senhora aceita não voltar a vê-lo?" (p. 166). Interessante notar como a sra. Bell pergunta para Dolto se ela "aceita" o término da análise, quando anunciou anteriormente sua total obediência às determinações do marido. É possível perguntar-se o que ela buscava com tal pergunta. Se era apenas uma pergunta retórica, ou se buscava em Dolto a ressonância de sua própria resistência/discordância da decisão paterna. Dolto devolve a pergunta, procurando fazê-la expressar sua própria posição.

> *E a senhora? – É absolutamente necessário que eu obedeça meu marido – E Dominique? Volto-me para ele. Dominique diz: Se a decisão fosse minha eu voltaria, estou certo que isso ainda me ajudaria, mas como meu pai não quer mais pagar. A mãe intervém: Oh não, doutora, não é dinheiro que faz meu marido dizer isso, para ele tudo é conversa mole, como eu dizia na carta. Ele diz que encontrará um cirurgião que fará a operação necessária; e para isso pagará qualquer preço! – Que operação? – Bem, uma operação no centro do cálculo! Dizem que isso existe. Ele só acredita nisso, e não nas coisas das palavras. (p. 166)*

"Mas você, diz ela [Sra. Bell] a Dominique, você tem que dizer o que quer" (p. 168). Ressaltamos neste ponto que, mais uma vez, a mãe busca a opinião e o posicionamento de Dolto e de Dominique, quando a interrupção do tratamento veio como um veredicto paterno sem possibilidade de discussão.

Dominique responde:

> *– Eu já disse que eu poderia vir sozinho.*
>
> *– Eu já disse que isso eu não quero.*
>
> *– Então, se você não quer, você não pode vir sem desobedecer ao papai. Mas se eu pudesse vir sozinho, viria todas as sextas-feiras e isso me faria bem. Mas azar! É papai quem quer, e já que a senhora Dolto não está zangada, esperarei ser um pouco mais velho e ganhar a vida e voltarei a ficar completamente bem, se eu ainda for tímido. (p. 168)*

A leitura da análise de Dominique e de como aconteceu seu término causa certo impacto quando acompanhamos a forma como o pai, em meio a sinais de melhora do filho, decide pela interrupção de seu tratamento. Esse término de análise vem como uma comunicação, sem possibilidade de discussão, reflexão ou contestação. Outro ponto que causa impacto é como a sra. Bell, apesar de compartilhar a visão que admite os avanços de Dominique, submete-se completamente àquilo que deseja o marido. Diante desse quadro, Dolto, mesmo assinalando à sra. Bell a importância da continuidade do tratamento na penúltima sessão, acaba por também aceitar, assim como a mãe, os desígnios do pai.

Dolto compreende os eventos à luz da sua visão teórica de que o lugar do pai deveria ser reforçado, respeitado e preservado, e de que a decisão dele tinha o sentido de uma castração importante, um "desmame", como ela mesma disse, de Dominique com a analista. Dolto compreende as castrações das pulsões parciais como fundamentais para o desenvolvimento psíquico do sujeito, que vai ganhando novas possibilidades simbólicas à medida que se separa do corpo a corpo materno.

Ao discutir a última sessão, Dolto (2010) afirma:

> *a escuta do psicanalista não difere de um psicanalista de adultos, mas o papel dos pais, terceiros que pagam e são responsáveis pela criança perante a sociedade, é decisivo no decorrer do tratamento. Por isso, seu papel afetivo presentifica para a criança o suporte do Eu ideal: suporte que deve ser respeitado, pois está imbricado com sua realidade atual e faz parte dos poderes castradores necessários. (p. 169)*

Adiante, ela fala do papel do analista de liberar, por meio da transferência, o ideal do eu do sujeito de sua dependência do eu ideal neurotizante, mas sem substituir os pais. Ou seja, como afirmou Heitor O'Dwyer de Macedo (2012), a postura doltoniana diante dos fatos que se apresentavam era de absoluto não julgamento e aceitação de que o mais trágico e inumano fazia parte do humano. Além disso, ela considerava que a tragédia e mesmo a desgraça, criadas por seus protagonistas, muitas vezes não poderiam ser curadas, mas pensadas para poder identificar seus desencadeantes e evitar sua repetição. Segundo Macedo, a posição de Dolto era de nunca deixar que os pais fossem colocados fora do jogo, e de que a criança teria de lidar com eles para poder crescer, separar-se deles ou rejeitá-los. O papel do psicanalista seria, então, auxiliar a criança a iniciar ou realizar esse trabalho.

Dolto (2004) afirma que a compreensão dos distúrbios infantis pode remontar às carências na estruturação edipiana não dos pais, mas dos avós e, por vezes, dos bisavós. Os percalços devem ser entendidos não como "culpa dos pais", "ou deste ou daquele", mas como fruto de uma situação de que pais e filhos de tenra idade são "dinamicamente participantes, indissociados pelas suas ressonâncias libidinais inconscientes", afirmando, categórica: "não existe falha, mas fato" (p. 26).

De volta a Dominique, a situação evidenciada do fim da análise nos coloca diante de dilemas teóricos, clínicos e éticos. Seria possível que algo fosse feito para poder preservar Dominique em seu tratamento? Fazer isso seria "substituir os pais" ou interferir na fala e no lugar daqueles que são em última instância os responsáveis pela criança?

Pensando no conforto do *a posteriori*, acreditamos que Dolto privilegiou em sua compreensão suas construções teóricas, a partir das quais teria compreendido a atuação do pai como um ato de castração importante. Sabemos que a história de Dominique era marcada pela dificuldade da sra. Bell em castrar a si mesma na relação com os filhos, convidados a dormir com ela, para compensar a ausência frequente do marido. Nessa última sessão vemos um movimento de submissão em cadeia: Dominique se submete à mãe, que se submete ao pai. Dolto também nada contradiz ou questiona do ato paterno, submetendo-se também à decisão inapelável do sr. Bell.

É possível compreender que a perspectiva de Dolto ao tomar suas decisões clínicas provém de uma postura ética que preserva o lugar dos pais por sabê-los essenciais como suportes do eu ideal da criança e como aqueles que detêm o que chamou de poderes castradores necessários. Além disso, como vimos, Dolto possui certa aceitação sem julgamento das condições familiares que permeiam a problemática de uma criança, cabendo ao analista não substituir os pais, mas auxiliar a criança a lidar com eles em seu processo de crescimento.

Porém, mesmo compreendendo a raiz de seu posicionamento, no caso de Dominique, pensamos que tanto a mãe quanto Dolto sustentam um lugar do pai que não corresponde ao lugar que ele de fato ocupava. Percebe-se que tanto Dolto quanto a sra. Bell desejam que o sr. Bell exerça sua função, sem reconhecer que simplesmente acatar sua determinação não significa que tal determinação vise ao crescimento do filho. Há uma fala da mãe que revela ao mesmo tempo seu desejo de que o sr. Bell ocupasse de fato seu lugar de pai e sua percepção de que ele não o faz. Na penúltima sessão do filho, quando o término da análise de Dominique já aparece como uma possibilidade, a sra. Bell afirma quase como um desabafo que era o pai quem deveria se tratar para tornar-se um "pai de família normal".

Um dos posicionamentos de Dolto neste caso era que, reforçando a autoridade paterna, reforçaria uma estrutura familiar frágil, e que tal estrutura, com um pai presente e atuante, seria fundamental para o futuro psíquico de Dominique. No entanto, pensamos que Dolto pode ter ignorado que havia na decisão do pai, naquele momento, mais destrutividade e mutilação do que cuidado e investimento no crescimento do filho. Salientamos que mutilação é um termo que Dolto utiliza, ressaltando que nem todo ato supostamente castrador conduz ao desenvolvimento. Gilou Garcia Reinoso (2002) afirma que

> *o lugar dos pais é um lugar simbólico, transcende aos pais reais: pai e mãe de família. São representações culturais que têm valor importante como suportes identificatórios: para poder ser pais de seus filhos, cumprir as funções simbólicas de pai e mãe, quer dizer, fornecer as condições para a constituição subjetiva, os "adultos" deveriam ocupar um lugar que lhes possibilitasse sustentar um desejo de vida para seus filhos. (p. 17)*

Nesse sentido, não vemos a decisão do sr. Bell partindo da sustentação de um desejo de vida para o filho. Tal postura contrasta com aquela que o pai apresentou em sua entrevista no início da análise de Dominique com Dolto. Apesar de sempre ter se colocado de forma cética em relação ao tratamento pelas palavras, Dolto relata que, no início do tratamento, o sr. Bell desejava fazer tudo pelo filho, mesmo que não tivesse muita esperança, e ele pensava que já seria um ganho se conseguissem ao menos manter Dominique no estado em que ficou quinze dias após a primeira consulta com Dolto, pois reconhecia que o filho parecia um menino que estava despertando.

As falas de Dominique revelam sua resignação com a falta de investimento do pai. Esse desinvestimento, inicialmente material e financeiro, revela a falta de investimento emocional do sr. Bell em seu filho. A própria mãe reconhece, em conversa com Dolto, que seu marido não tem dificuldade financeira e poderia arcar com o tratamento, evidenciando que o motivo econômico não era o que realmente estava em jogo na situação.

A penúltima sessão é muito eloquente em relação ao posicionamento de Dominique diante da ameaça de interrupção de seu tratamento feita pelo pai. Dominique enceña com a modelagem a cirurgia daquele que é doente do coração desde a infância. Tal enredo criado por Dominique fala claramente do encaminhamento desejado por seu pai para resolver seu quadro clínico: a cirurgia. Ao fim da sessão, de forma muito contundente, Dominique pega o "guarda-chuva" que havia esquecido dentro do boneco, amassa o boneco completamente, deixando-o disforme e guardando a massa, agora sem forma, e diz: "pronto, ele morreu, nos livramos dele". Na nossa compreensão, com esse gesto, Dominique expressava a percepção de seu destino e do desejo do pai de interromper seu atendimento. Será que muitas vezes Dominique se tornava essa massa sem forma, morto psiquicamente?

De qualquer maneira, a frase "nos livramos dele" reflete claramente o sentimento de perceber-se como um estorvo familiar e para o pai. Dominique, em seu teatro encenado, demonstra que corre perigo de perder-se, perecer psiquicamente, perder forma, contorno, e anuncia seu temor. Dolto não compreendeu essa cena final como algo mais transferencial e ligado ao tratamento e seu fim, mas tentou encontrar outros significados, por exemplo, de o guarda-chuva ser o pênis dentro do corpo materno, nas cenas primárias que Dominique provavelmente teria presenciado quando dormia no berço no quarto dos pais.

Dominique identifica claramente seu desejo de continuar o tratamento, reconhece seus ganhos e sonha com um futuro em que estaria mais apto para a vida. Coloca-se disposto a ir "sozinho" às sessões com a analista. Dolto, por sua vez, acaba privilegiando a fala do pai e atende aos seus desígnios, acreditando que tinha diante de si um pai que ocupava de fato sua posição de sustentar o desenvolvimento do filho. Acata-se o que o sr. Bell determina muito mais pelo lugar que lhe concerne do que pelo lugar que ele de fato ocupa. Ou seja, para todos, ao final, é importante salvar o lugar do pai, mesmo que ele não esteja agindo em prol do desenvolvimento do filho, numa tentativa de preservar não o lugar que ele exerce de fato, mas o lugar que todos desejariam que ele ocupasse.

A questão colocada sobre a situação do atendimento de Dominique pode ser ampliada para nossos atendimentos: o que é possível fazer diante de situações similares? Pode-se fazer algo? Deve-se fazer algo? Temos diante de nós a criança e os pais, sempre "dentro do jogo", como diz Dolto, nunca fora da cena analítica. Os pais são figuras fundamentais as quais não devemos substituir, nos alerta Dolto. No entanto, a clínica de crianças lida todo o tempo com as questões parentais, que obviamente enredam a criança e sua análise, muitas vezes paralisando-a ou até interrompendo-a.

Ficamos sempre no limite entre a orientação com os pais e a elucidação de suas questões, no fio da navalha para não adentrar em uma análise dos pais, o que poderia ameaçar o lugar da análise da criança. No entanto, não é possível trabalhar apenas com a criança, sem procurar auxiliar os pais a compreender aquilo que o sintoma do filho revela sobre a vida familiar, sobre eles mesmos e suas biografias.

Dominique, naquele fim de análise, idealiza uma autonomia futura na qual seria capaz de retornar com seus próprios meios para a análise. No entanto, sua melhora, talvez superestimada pela própria Dolto, camuflava o fato de que a sonhada autonomia precisava, de forma paradoxal, do próprio tratamento para ser efetivamente alcançada. A analista que nos ensina a ouvir a verdade da criança tão incompreendida pelo descompasso do mundo adulto, aquela que procura as palavras justas e verdadeiras para comunicar a experiência da criança, pareceu deixar de ouvir o que Dominique pedia, desejava, necessitava. Dominique, por sua vez, parecia preocupado em não ofender ninguém, nem mesmo a analista, numa postura muito cordata e submissa. Dolto poderia talvez testemunhar e endossar o ódio de seu paciente pela decisão castrador-mutiladora do pai, ódio que aparece nas brincadeiras das conservas humanas de loiros. Dolto acabou reconhecendo a agressividade de Dominique quando afirmou serem o pai e o irmão picadinhos na conserva humana, o que diverte Dominique. Talvez a analista poderia ter dito de forma mais explícita a Dominique sobre seu ódio, atestando assim uma posição de contraste, atrito, auxiliando-o a afirmar-se enquanto sujeito.

Não se pode esquecer que Dolto foi aquela que nos ensinou que se o filho transgride uma proibição que visava à sua proteção e consegue mostrar sua capacidade de fazer aquilo que até então estava interditado, deve-se reconhecer as capacidades da criança e parabenizá-la pela conquista, e não a repreender. Assim, privilegia-se o devir e o amadurecimento em detrimento da submissão e da obediência a uma autoridade vazia.

Por isso, é a partir dos próprios ensinamentos de Dolto que procuramos discutir suas escolhas no caso de Dominique e pensar sobre os dilemas clínicos e éticos que o atendimento de crianças nos impõe.

Silvia Fendrik (2007) relata o que se sucedeu com Dominique oito anos após o término da análise. O rapaz teria retornado ao centro Etienne Marcel pela demanda de sua mãe para que fosse internado por ser homossexual. Dominique obtivera o certificado de estudos e havia se tornado ceramista, mas, ingênuo, era objeto sexual dos operários espanhóis e portugueses, fazendo sexo oral neles em troca de favores. Dominique conta que, no dia em que o irmão mais velho se casou, o pai, com a desculpa de que o casamento do filho o havia afetado muito, foi embora de casa para sempre. Dolto procurou orientar Dominique a não se submeter a desejos perversos dos outros que o transformavam em objeto sexual. Ela também decidiu destinar parte dos direitos autorais do livro sobre o atendimento de Dominique a ele, possibilitando-lhe comprar um forno de cerâmica. Dominique, após o certificado de estudos, recebeu uma bolsa para se aperfeiçoar em cerâmica na Bélgica, mas precisaria escolher sua nacionalidade (francesa ou belga). Porém, sua mãe não permitiu que ele mudasse a nacionalidade e quis que ficasse morando com ela. No entanto, ao saber das práticas homossexuais do filho, quis interná-lo. Fendrik informa que, quando foi ver a antiga analista, Dominique não mais se lembrava dela. Teria mantido, segundo Dolto, uma ingenuidade psicótica e chegado a esboçar um elemento do complexo edípico na seguinte história que contava: Dominique pensava que na Bélgica havia um rei e afirmava que, quando ele (Dominique) fosse forte e grande, o mataria e seria felicitado e famoso por isso. Fendrik afirma finalmente que "o destino de Dominique havia se afastado do prognóstico de Dolto, que acreditou, ingenuamente, que o menino conseguiria estabilizar-se com a intervenção do pai" (p. 63). Ela coloca que Dolto teria se arrependido profundamente da não continuidade do tratamento, sobretudo por reconhecer no ofício de ceramista a continuação das atividades com a massinha durante a análise. Ainda que não tenha havido a cura, a experiência da análise havia lhe proporcionado ao menos um ofício.

Sublinhamos, por fim, que não temos a intenção de pregar uma hipertrofia da onipotência do analista e de seus supostos poderes "paranormais" de previsão do futuro. Somos limitados dentro de nossa prática e circunscritos ao nosso repertório pessoal, teórico e técnico. Nossa pretensão, portanto, era colocar em discussão, a partir do generoso relato da análise de Dominique, os problemas comuns na clínica com crianças, referentes ao lugar dos pais, e como podemos, sem ultrapassar nosso limite ético, promover um ambiente favorável ao desenvolvimento da criança como sujeito. Para isso, o trabalho com os pais não deixa de ser fundamental, pois se, por um lado, todo o sintoma infantil "é a pantomima de um discurso não-verbalizado" (Dolto, 2004, p. 25), um discurso familiar, a melhora da criança tem também inevitavelmente uma consequência no arranjo libidinal da família, causando instabilidade em seus outros membros.

Referências

Dolto, F. (2004). Prefácio. In M. Mannoni, *A primeira entrevista em psicanálise* (2a ed., pp. 7-33). Rio de Janeiro: Elsevier.

Dolto, F. (2010). *O caso Dominique*. São Paulo: Martins Fontes.

Fendrik, S. (2007). *Psicoanalistas de niños: la verdadeira história* (Vol. 4). Buenos Aires: Letra Viva.

Macedo, H. O. (2012). Françoise Dolto e o amoralismo psicanalítico. In H. O. Macedo, *Cartas a um jovem psicanalista* (pp. 15-23). São Paulo: Perspectiva.

Reinoso, G. G. (2002). Prefácio. In A. M. Sigal, *O lugar dos pais na psicanálise de crianças* (2a ed., pp. 11-20). São Paulo: Escuta.

Posfácio

Daniela Teperman

O livro que o leitor tem em mãos é uma preciosidade. Aqui não se pretende dar a última palavra, mas encontrar palavras justas – *les juste mots* –, como defendia Françoise Dolto, particularmente em sua clínica com crianças. Tarefa inadiável numa época em que ainda "é um escândalo para o adulto que o ser humano em estado infantil seja seu igual" (Dolto, 1985/2005, p. 9).[1]

Os autores que dão corpo a este livro se debruçam sobre a vida e a obra da psicanalista, seus textos e suas formulações teóricas, assim como sua prática e os dispositivos que ela inaugurou. São textos que nascem do encontro com as palavras de Dolto, suas formulações teóricas e sua escuta clínica, reconhecendo seu posicionamento ético e inventivo.

O trabalho da psicanalista atravessa o tempo e ecoa nas vozes destes autores, que criam e ousam, resultando em textos únicos, cada qual tomando corpo a partir de uma questão pinçada de seu

1 Dolto, F. (1985). *A causa das crianças*. São Paulo: Ideias & Letras, 2005.

vasto legado para psicanálise, cultura e clínica com crianças. Herdeiros que fazem jus à independência criativa e à ética que norteou Françoise Dolto, essa figura única, incontornável e pulsante.

Sobre os autores

Carmen Molloy – Psicanalista. Formada em Psicologia pela Universidade Nacional de Córdoba, na Argentina.

Christiane Carrijo – Psicóloga, psicanalista e professora associada do Departamento de Psicologia da Faculdade de Ciências da Universidade Estadual Paulista "Júlio de Mesquita Filho", *campus* Bauru (Unesp-Bauru). Supervisora do Estágio de Psicanálise com Crianças (Unesp). Doutora em Filosofia pela Universidade Federal de São Carlos (UFSCar) e mestre em Psicologia Clínica pela Pontifícia Universidade Católica de São Paulo (PUC-SP). É pesquisadora do Laboratório e Núcleo de Estudos, Extensão e Pesquisas em Psicanálise (NEEPPSICA) e dos grupos de pesquisa Psicanálise: Clínica, Teoria e Cultura; e Ética, Educação e Direitos Humanos. Faz parte da Rede Internacional Mulheres Vivas, com pesquisas e ações com o objetivo de prevenir e intervir na violência contra as mulheres. É uma das organizadoras e também autora de três livros da Coleção Rever, *Psicanálise e questões da contemporaneidade* (volumes I e II) e *Psicanálise e interfaces* (CRV e Cultura Acadêmica).

Cybelle Tastaldi Al Assal – Psicóloga com especialização em Psicanálise pelo Instituto Sedes Sapientiae, mestre em Psicologia Clínica pelo Instituto de Psicologia da Universidade de São Paulo (IPUSP), com atuação como psicóloga judiciária em vara de família.

Florência Fuks – Pediatra geral da Clínica Conviva e do Hospital Israelita Albert Einstein. Fez graduação e residência em Pediatria na Faculdade de Medicina da Universidade de São Paulo (FMUSP) e complementação e preceptoria em Endocrinologia Pediátrica no Instituto da Criança do Hospital das Clínicas. Foi preceptora dos residentes de Pediatria no Hospital Israelita Albert Einstein, professora da Coordenadoria Geral de Especialização, Aperfeiçoamento e Extensão da Pontifícia Universidade Católica de São Paulo (Cogeae/PUC-SP) e, atualmente, é professora do Instituto Sedes Sapientiae.

Juliana Lopez Braga – Graduada em Psicologia pela Universidade Presbiteriana Mackenzie, com formação em Psicanálise da Criança pelo Instituto Sedes Sapientiae. Atua em consultório particular desde 2008, atendendo crianças, jovens e adultos.

Julia Pires Ferreira – Aluna do segundo ano do Instituto de Psicologia da Universidade de São Paulo (IPUSP).

Luciana Pires – Psicanalista com especialização em psicanálise com crianças, adolescentes e famílias pela Clínica Tavistock. Mestre e doutora pelo Instituto de Psicologia da Universidade de São Paulo (IPUSP). Autora do livro *Do silêncio ao eco: autismo e clínica psicanalítica* (Edusp, 2007) e de vários capítulos em livros. Supervisora e coordenadora de grupos de estudos em psicanálise.

M. Cristina Kupfer – Psicanalista, professora titular sênior do Instituto de Psicologia da Universidade de São Paulo (IPUSP) e fundadora do Lugar de Vida – Centro de Educação Terapêutica. É bolsista de produtividade do CNPq. Cofundadora do Laboratório

Interunidades de Estudos e Pesquisas Psicanalíticas e Educacionais sobre a Infância (Lepsi) (USP). Membro da Association Analyse Freudienne, na França, e editora da revista *Estilos da Clínica* (USP).

Miguel Junqueira Fausto – Psicólogo formado pela Universidade de São Paulo (USP), atua com crianças, adolescentes e adultos em consultório particular.

Miguel Vallim – Psicólogo formado pelo Instituto de Psicologia da Universidade de São Paulo (IPUSP) e psicanalista. Mestre em Psicologia Clínica pela Pontifícia Universidade Católica de São Paulo (PUC-SP), onde defendeu a dissertação *Françoise Dolto, uma voz na psicanálise.* Por anos, envolveu-se na pesquisa das fronteiras entre a psicanálise e a educação dentro de instituições escolares. Hoje, dedica-se à clínica e à pesquisa de doutorado, na qual segue trabalhando a obra de Françoise Dolto e algumas de suas interfaces possíveis.

Vitoria Whately – Psicóloga formada pela Pontifícia Universidade Católica de São Paulo (PUC-SP), com formação em Psicanálise com Crianças no Instituto Sedes Sapientiae. Atua em consultório particular e como pesquisadora nos impactos da institucionalização precoce em bebês (projeto EI-3).

Wagner Ranña – Médico. Psicanalista e psiquiatra. Professor do curso de Psicossomática Psicanalítica do Instituto Sedes Sapientiae. Mestre pela Faculdade de Medicina da Universidade de São Paulo (FMUSP). Membro dos Departamentos de Psicossomática Psicanalítica e de Psicanálise com Crianças do Instituto Sedes Sapientiae. Coordenou o Projeto Hospital Aberto e o Projeto de Saúde Mental e Inclusão de Crianças com Graves Psicopatologias. Co-organizador e autor da Série Psicossoma (Casa do Psicólogo).